JN412463

기다림, 아름다운 약속

누가복음 관통 묵상

기다림, 아름다운 약속

누가복음 관통묵상

1판 인쇄일 2021년 2월 17일
1쇄 발행일 2021년 2월 25일

지은이 _ 심현숙
펴낸이 _ 한치호
펴낸곳 _ 종려가지
등 록 _ 제311- 2014000013호(2014. 3. 21)
주 소 _ 서울특별시 은평구 은평로 14길 9- 5
전 화 _ 02. 359. 9657
디자인 _ 표지 이순옥/ 내지 구본일
제작대행 세줄기획(02.2265.3749)
영업(총판) 일오삼(민태근)
전 화_ 02. 964.6993 팩스 2208.0153

값 13,000 원

ISBN 978-11-90968-12-6

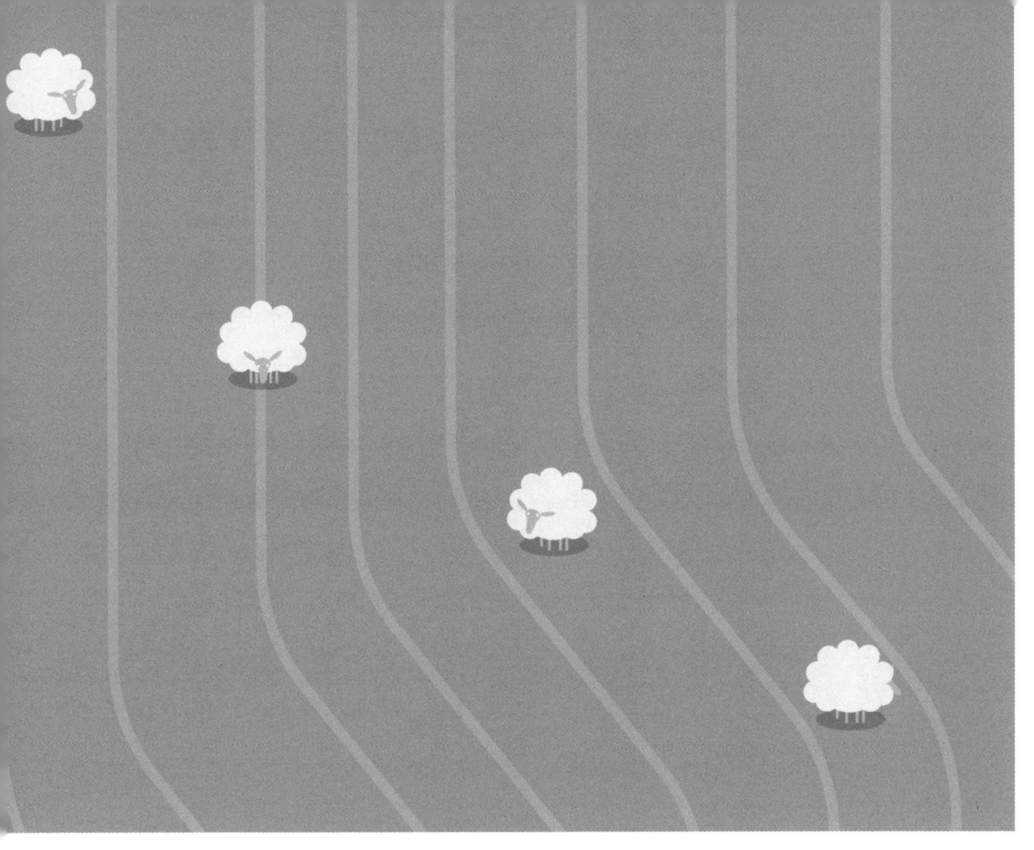

기다림, 아름다운 약속

누가복음 관통 묵상

심현숙

문서사역
|종|려|가|지|

머리말 _

기다림, 아름다운 약속

익숙하지 않은 오늘의 일상, 희망이 사라져버린 듯 느껴지는 내일의 시간입니다. 익숙하지 않다는 것은 오늘도 여전히 힘든 하루이고, 희망이 사라져버린 듯한 것은 오늘의 절망이 너무나 크다는 것을 의미합니다. 이러한 느낌은 늘 우리들의 마음 한편에 자리하고 있습니다. 그러나 우리들의 내면에 살아있는 아름다운 약속은 익숙하지 않은 상황을 이겨내도록 하고, 사라져버린 듯 느껴지는 희망에 새로운 해석을 하게 합니다.

아름다운 약속은 기다림의 시간을 지배하여 고난을 오히려 감사할 수 있게 하고, 절망을 희망으로 바꾸어 해석할 수 있게 하며, 사방으로 우겨쌈을 당하는 것 같은 상황 속에서도 찬양할 수 있도록 합니다. 아름다운 약속이 주는 은혜요, 기다림 가운데 경험하게 되는 능력입니다.

한 사람을 통하여 이루어진 기다림의 끝 예수님, 이 아름다운 약속이 우리들에게 얼마나 놀라운 변화를 가지고 왔는지 누가복음을 묵상하며 나누려고 합니다.

누가복음에는 아름다운 약속이 가득하고, 그 약속을 감사함으로 기다리는 이들이 있습니다. 가장 먼저는 엘리사벳과 사가랴의 기다림, 마리아와 요셉의 기다림입니다. 하나님은 사가랴와 마리아에게 친히 찾아오셔서 아름다운 약속을 하십니다.

물론 하나님의 아름다운 약속은 그 무게만큼의 두려움이 있고, 근심이 있고, 또 감사가 있습니다. 그러나 그들은 기다림의 시간, 그 모든 무게를 이겨냅니다. 드디어 마리아와 엘리사벳은 기다림의 끝을 만나게 됩니다. 그리고 기다림의 끝에서 만나게 된 기쁨은 이제 성전을 향하여 빛을 비추게 되고, 성전을 떠나지 않고 이스라엘의 위로를 기다리고 있는 시므온과 안나의 기다림에 응답합니다.

이제 기다림, 아름다운 약속의 주인공 예수님의 발자취를 따라가 보려 합니다. 예수님은 사회에서 인정받지 못하고 살아가는 연약한 자들에 대해 특별한 관심을 보여주십니다. 이에 예수님은 그들의 삶의 자리를 직접 찾아가시며 식탁교제도 나누십니다.
선민이라 불리는 이스라엘 백성들뿐만이 아니라 이방인들, 가난하고 소외된 사람들, 세리와 창녀, 나병환자에 이르기까지 하나님의 은혜가 흘러가도록 합니다. 또한 예수님은 여인들에게도 손길을 내미십니다. 어머니 마리아를 통하여 전하여 지고, 정결예식을 위해 성전에 들어가신 예수님을 여선지자 안나가 만나게 합니다. 뿐만 아니라 사렙다 과부와 잃어버린 드라크마를 찾는 여인의 이야기를 소중하게 기록합니다.

아름다운 약속을 누구보다도 기다리는 자들이 있습니다. "가난한 자 … 포로 된 자 … 눈먼 자 … 눌린 자 …"들입니다. 이들이 살아가고 있는 세상은 결코 그들 스스로의 힘으로는 살아갈 수 없습니다.
사회의 힘이든, 종교의 힘이든, 아니면 강력한 힘을 소유한 자이든... 돕는 자의 손길을 필요로 할 수밖에 없습니다. 그러니 가난한 자들도, 포로 된

자들도, 눈먼 자들도, 눌린 자들도 그들의 내일을 위하여 아름다운 약속을 기다리며 오늘을 이겨내고 있습니다. 누가복음은 예수님의 발자취를 이런 연역한 자들의 삶의 자리에 옮겨 놓음으로 그들이 그토록 기다렸던 아름다운 약속이 이루어 졌음을 알려줍니다.

예수님은 당시에 사회적으로 인정받지 못하였던 세리와 죄인들에게도 특별한 관심을 보여 주셨습니다. 세리였던 레위를 찾아가셔서 “나를 따르라”는 말씀을 하셨고, 세리장이었던 삭개오의 집에서 식사를 나누며 죄인이라 불리는 그를 구원으로 초대하셨습니다. 예수님은 세리와 죄인의 친구가 되어 주셨고, 그들과 함께 하시며 아름다운 약속이 누구의 것인지를 정확하게 알려주셨습니다.

복음서 중에서 누가복음에만 기록 되어진 바리새인과 세리를 비교하는 본문이 있습니다. 이 본문에서는 하나님께 인정받는 의가 바리새인들의 모습에 있는 것이 아니고 세리에게 있다고 말씀하십니다. 아름다운 약속을 기다리던 바리새인의 모습은 어떠합니까. 그들은 토색하고 불의하고 간음하는 자들을 죄인이라 판단합니다. 그리고 금식과 십일조를 드리며 살아가고 있는 그들의 삶을 자랑합니다. 하지만 세리는 하나님 앞에서 감히 얼굴도 들지 못하며 그저 죄인을 불쌍히 여겨 달라는 간구를 할 뿐입니다.

예수님은 죄인인 것을 눈물로 고백하며 회개하였던 세리야말로 아름다운 약속을 소유할 수 있는 자격이 있음을 말씀합니다. 토색하는 것도, 불의를 저지르는 것도, 간음하는 것도 씻을 수 없는 죄입니다. 그러나 아름다운 약속은 그 모든 더러움들을 품어 거룩하고 정결하도록 합니다. 그러니 아름다운 약속은 바리새인의 것이 아니요, 기다림의 시간을 정확하게 읽어 낸 세리와 죄인들의 것입니다.

누가복음은 시간 속에서 있었던 기다림이었고, 시간 속에서 일어난 아름다운 약속이었습니다. 시간 속에서 일어난 사건이었다고 말하는 것은 어제와 오늘이 연결이 되어 있고, 오늘과 내일이 연결이 되어 있는 것처럼 창조와 타락이 연결이 되어있고, 타락과 회복이 연결 되어 있다는 것을 의미합니다.

시간 속에 일어난 일이라는 것은 기다림의 끝 예수님과 십자가의 죽음, 부활 그리고 영원한 하나님의 나라가 연결이 되고 있다는 것을 증명하는 것입니다.

우리는 아름다운 약속을 지나 기다림의 끝 예수님의 공생애 시간을 만났습니다. 그런데 기다림의 끝이 되셨던 예수님께서 부활하시고 하늘로 오르시면서 다시 오시겠다는 아름다운 약속을 우리들에게 하셨습니다. 마리아의 몸을 빌려 기다림의 끝이 되셨던 예수님은 재림이라는 또 다른 아름다운 약속을 하셨습니다.

그러니 이미 이루어진 기다림, 아름다운 약속은 이제 아직 이루어지지 않은 기다림, 아름다운 약속이 되어 우리들의 마음에 자리하고 있습니다. 지금까지 되어진 모든 일에 증인이 되어 오늘을 살아가고 있는 우리들입니다. 그러니 아직 이루어지지 않은 기다림, 아름다운 약속을 위하여 하나님을 찬송하는 오늘입니다.

기다림, 아름다운 약속

차 례 _ 누가복음 관통묵상

2」 공생애를 시작하시다

3」 세상을 섬기시다

4」 십자가를 지시다

1. 1:5-25

사가랴와 엘리사벳을 돌아보신 하나님

:: 말씀 나눔

제사장들은 모두 24반열로 나누어져 있다. 각각의 반열은 1년에 두 번씩 일주일 동안 제사장의 직무를 감당하게 된다. 여기서 반열은 성전과 예배를 위해 출신이나 신분에 따라 업무를 구분해 놓은 순서를 말한다. 사가랴는 24반열 중 여덟번째에 해당하는 아비야 반열 소속의 제사장이다. 사가랴의 뜻은 '여호와는 기억하신다'는 의미를 가지고 있고, 사가랴의 아내인 엘리사벳의 이름의 뜻은 '하나님은 나의 행운'을 의미한다. 엘리사벳은 아론의 자손으로 순수한 제사장 가문인 것을 알 수 있다.

아비야 반열이 순서에 따라 제사장의 임무를 감당할 차례가 되었다. 제사장의 주된 직무들은 제비뽑기를 통하여 결정되어진다. 사가랴는 제비뽑기를 통하여 주의 성소에 들어가 분향하는 직무를 맡게 된 것이다. 이 직무는 아침과 저녁으로 희생 제사를 드리게 되는데 그 때 분향을 하게 되며, 분향은 성소와 지성소를 분리하는 휘장 앞에 있는 향단에서 드리게 된다. 이뿐만이 아니라 제사장이 하나님께서 임재하시는 지성소에 가장 가까이 나아갈 수 있는 기회가 되기도 한다. 당시에, 제사장은 수천 명이 넘는 인원이었다. 그러니 성소에서 분향하는 일을 맡는다는 것은 매우 영광스러운 일이었다. 사가랴는 제사장의 전례를 따라 성전에 들어가 분향을 하고 모든 백성은 분향하는 시간에 밖에서 기도를 한다.

직무에 따라 분향을 하고 있는 사가랴에게 천사 가브리엘이 찾아온다. 천사 가브리엘은 향단 우편에 서 있는 사가랴에게 아내 엘리사벳이 아들을 낳을 것이라는 소식을 전한다. 자식을 두지 못하였기에 늘 하나님 앞에 간절한 마음이었을 그들이다. 하지만 늙고 나이가 많아 이제는 현실적으로 불가능한 상황이기에 주의 사자의 말을 믿지 못한다. 가브리엘 천사는 이런 사가랴의 마음에 아랑곳하지 않는다. 그저 앞으로 낳을 아들의 이름을 요한이라 부르도록 한다. 요한은 하나님의 나라를 위해, 주님의 길을 위해, 이스라엘 백성들을 위해 준비된 하나님의 약속을 이룰 것이다. 그러나 현실적으로 가능하지 않은 일이기에 주의 사자의 말을 믿지 아니함으로 하나님은 사가랴의 입을 닫아 버리셨다. 백성들은 성전 안에서 지체하는 사가랴를 기다리며 이상히 여기고 있다. 사가랴가 밖으로 나왔으나 말을 하지 못하는 것을 보고 백성들은 환상을 보았음을 알고 더 이상 묻지 않는다. 이일 후에 엘리사벳은 잉태를 하고 주께서 돌보심으로 부끄러움을 없게 할 때를 기다리고 있다.

:: 묵상 나눔

하나님은 메시아의 길을 준비하는 자, 예수 그리스도의 시작을 알리는 서막으로 요한의 이름을 준비하십니다. 하나님의 놀라운 계획은 늙어 아이를 기대할 수 없는 사가랴와 엘리사벳의 가정을 선택하시고, 무엇으로도 위로받을 수 없었던 마음 한편의 아픔과 한을 위로해주십니다. 요한의 부모가 될 사가랴와 엘리사벳은 하나님 앞에 의인으로 모든 계명과 규례대로 흠이 없는 삶을 살았던 사람들이었습니다. 하나님의 뜻을 따르는 가정입니다. 그들이 지켜낼 수 있는 일들은 최선을 다하지만 태를 여시는 분은 오직 하나님이신 것을 알기에 마음속에 접어둘 뿐입니다. 비록 태의 열매를 허락 받지는 못했지만 그 문제가 사가랴와 엘리사벳의 마음을 흔들지 못했습니다. 하나님을 향하는 마음과 행함이 변함없는 모습입니다. 오늘 하루 살아가는 것이 하나님의 은혜인 것을 알고 있으니, 비록 채워지지 않는 공허함이 있으나 그 또한 하나님의 뜻으로 해석하여 최선을 다합니다. 사가랴와 엘리사벳의 온전함은 아들 요한을 세워주시어 많은 사람이 그의 태어남을 기뻐하며, 그의 행보는 주를 위하여 세운 백성을 준비하도록 합니다.

:: 기도 나눔

하나님 아버지,
사가랴의 마음이 하나님만 향하도록 지켜주신 것처럼 저의 마음도 지켜주시옵소서. 엘리사벳의 한을 위로하여 주신 것처럼 제 마음의 한도 위로하여 주시옵소서. 성령의 충만함을 받았던, 오직 주님의 길을 예비하였던 세례 요한처럼 저의 삶도 성령의 충만함을 받아 주님의 뜻을 이루게 하시옵소서.

≫ 백성들의 기도 내용

자비로우신 하나님, 성소에 들어오셔서 드리는 기도를 받아주소서

2. 1:26-38

예수님의 나심을 예고하다

:: 말씀 나눔

하나님께서 보내신 천사 가브리엘이 사가랴에게 수태고지를 전한 지 여섯째 달이 되었다. 가브리엘 천사는 첫 수태고지 소식보다 더 놀라운 소식을 전하기 위해 갈릴리 나사렛 동네에 살고 있는 마리아에게 모습을 보인다. 마리아는 다윗의 자손 요셉과 정혼한 여인으로 지극히 평범한 일상을 살아가는 여인이다. 천사 가브리엘은 마리아에게 “은혜를 입은 자여 평안할지어다 주께서 너와 함께 하시도다”는 말로 그의 존재를 드러낸다. 엘리사벳의 수태고지를 전하기 위해 사가랴를 만났을 때는 그의 이름을 불렀다. 그러나 두 번째 수태고지를 위해 마리아를 만났을 때는 말씀으로 먼저 평안을 선포한다.

마리아는 지금까지 한 번도 경험해보지 못한 낯선 시간 속에 갇혀있다. 다른 평범한 여인들과 같이 한 남자와 정혼을 하였기에 조금 있으면 이루게 될 행복한 가정을 꿈꾸고 있다. 그런데 지극히 인간적인 마리아의 현실 속으로 찾아온 천사 가브리엘의 말은 이러하다. “보라 네가 잉태하여 아들을 낳으리니 그 이름을 예수라 하라 그는 큰 자가 되고 지극히 높으신 이의 아들이라 일컬어질 것이요 주 하나님께서 그 조상 다윗의 왕위를 그에게 주시리니 영원히 야곱의 집을 왕으로 다스리실 것이며 그 나라가 무궁하리라” 율법과 선지자를 통하여 하셨던 약속이 마리아의 몸을 빌려 성취되어진다.

마리아는 아이를 잉태할 것이라는 천사의 말에 “나는 남자를 알지 못하는데 어떻게 이런 일이 일어날 수 있습니까" 묻는다. 그저 놀라고 무서워하는 마리아의 마음과는 다르게 천사 가브리엘의 답은 간단하다. "성령이 임하고 하나님의 능력이 덮이게 되면 이 모든 일들은 가능하다" 마리아는 마음이 너무 복잡하여 무언으로 질문을 한다. 일찍이 일어나지 않았고, 일어날 수 없는 사건이기에 마리아가 받아들이지 못하는 것은 당연한 일이다. 믿을 수 없는 현실 속에서 두려워하는 마리아에게 이미 잉태한지 여섯 달이 된 그의 친족 엘리사벳의 소식을 전하다. 엘리사벳의 소식을 들은 마리아는 그제야 모든 일들에 능하지 못하심이 없는 하나님의 능력을 찬양한다. "주의 여종이오니 말씀대로 내게 이루어지이다"

:: 묵상 나눔

요한의 수태고지는 그 누구도 범접할 수 없는 하나님의 임재가 가득한 성소에서 소식이 알려집니다. 이와는 다르게 예수님의 수태고지는 갈릴리 나사렛 작은 동네 한 여인의 집에서 전하여집니다. 요한의 탄생 소식은 제사장 사가랴로 아버지에게 전해집니다. 예수님의 탄생 소식은 당시 사회적으로 눈에 띄게 드러나지 않는 여인 마리아입니다. 마리아라 이름하는 여인, 나사렛 작은 마을 예수님을 수식하는 단어들입니다. 나사렛은 유대인들에게 어떤 이미지를 가지고 있을까요. 나다나엘은 친구 빌립이 율법과 선지자가 기록한 메시아 나사렛 예수를 소개하자 "나사렛에서 무슨 선한 것이 나겠느냐"는 말로 나사렛에서는 그런 일이 일어날 수 없다고 단정 지어 말합니다. 그러나 갈릴리 나사렛이라는 작은 동네, 지극히 평범한 여인에게 성령이 임하였습니다. 하나님의 거룩하신 능력이 작은 마을 나사렛을 찾아갔고, 남자를 알지 못한 한 여인에게 임한 것입니다. 죄악으로 물든 세상을 희망으로 가득하게 하실 하나님의 거룩한 빛이 작고 힘이 없어 보이는 상황들 속에서 조금씩 그 빛을 드러내고 있습니다. 하나님께서 허락하실 은혜의 빛은 세상이 기대하고 인정하는 기준을 따르지 않으십니다. 하나님의 방법으로 조용히 은혜의 역사를 시작하십니다.

:: 기도 나눔

하나님 아버지! 한 여인을 지명하시고, 작은 동네 나사렛을 선택하심으로 은혜의 역사를 시작하여 주셔서 감사합니다. 저의 죄 때문에 무너져버린 일상과 세상이 다시 회복 될 수 있는 희망을 주셔서 감사합니다. 오늘 이루어야할 일들이 오직 하나님의 은혜 안에 있습니다. 그러하오니 세상적인 가치에 따라 생각하고 판단하지 않도록 도와주시옵소서. 주어진 일들을 인간적인 방법으로 감당하지 않도록 도와주시옵소서. 성령님께서 붙잡아 주시어 하나님 은혜 안에서 모든 것들을 해석할 수 있도록 도와주시옵소서.

≫ 뜻 나눔

야곱의 집 - 이스라엘을 지칭하여 나타내는 전통적인 구약용어

3, 1:39-56

마리아의 찬가

:: 말씀 나눔

마리아는 수태고지에 대한 은혜를 감사한 마음으로 고백 한 후 서둘러 유대 한 동네에 이르게 되고, 그곳 사가랴의 집에 들어가 엘리사벳을 문안한다. 그 때 놀라운 일이 일어난다. 마리아가 문안할 때 엘리사벳의 복중에 있는 아이가 기쁨으로 뛰어놀기 시작한 것이다. 엘리사벳은 조용하던 아이가 기쁘게 반기는 것을 느끼며 성령의 충만함을 받아 마리아에게 "여자 중에 네가 복이 있으며 네 태중의 아이도 복이 있도다"며 축복한다. 엘리사벳은 마리아에게 일어난 일을 전혀 알 수 없다. 어느 누구도 알 수 없고, 누구도 예측하지 못한 일이 마리아에게 찾아왔고, 이루어졌다. 그러니 오직 성령의 충만함으로 마리아의 태중에 잉태 된 메시아를 알게 된 것이다. 하나님의 은혜 가운데 서 있는 두 여인의 만남은 오직 성령님께서 간섭하신다. 성령 안에서 서로 교제하고 기쁨으로 되어 진 일들을 찬양하고 있다. 마리아와 엘리사벳 그리고 예수님과 세례 요한. 하나님의 역사는 그 시대에 요구되었던 믿음으로 삶을 살아가는 주의 백성들을 통하여 이루시며, 견고히 세워져 가도록 하신다.

마리아는 엘리사벳의 복중에 있는 아이가 마리아와 태중의 메시아를 반기는 기쁨을 누린다. 엘리사벳의 축복도 그러하다. 그 시대에 수많은 주의 백성들이 있었지만 그중에 특별한 은혜를 입은 사람은 마리아다. 온 인류의 구원자 되시는 메시아를 복중에 품고 있다는 그 영광을 무엇으로 다 표현할 수 있겠는가.

그 어떤 언어로도 그 마음, 감사, 영광을 다 표현할 수 없다. 누구나가 바라는 영광이지만 누구나에게 주어지지 않는 영광이다. 기쁨과 감격 속에서 모든 생명 있는 것들에 영원히 소멸되지 않을 영생을 주실 메시아. 하나님은 드디어 약속하신 대로 그 계획을 이루어 가신다.

놀라운 일들에 감격한 마리아는 "내 영혼이 주를 찬양하며, 내 마음이 하나님 내 구주를 기뻐한다"고 고백한다. 비록 비천한 나의 인생이지만 큰일을 이루시기 위하여 사용하신 하나님의 은혜를 찬양으로 화답하고 있다. 교만한 자들, 권세 있는 자들, 능력 있는 자들을 선택하여 사용하지 않으시는 하나님, 비천한 자, 주린 자들에게 긍휼을 베풀어 주신 하나님의 은혜를 찬양한다. 그들의 조상들에게 약속하시고 이제는 그 때가 되어 약속을 기억하시고 이루어 가시는 하나님의 선하심을 찬양한다. 감히 품을 수 없는 하나님의 영광을 은혜 안에서 성령의 충만함으로 감당한다.

:: 묵상 나눔

시간과 공간을 초월하여 역사하시는 성령님은 인간의 한계를 넘어서는 능력으로 우리들의 삶을 인도하십니다. 우리를 지혜롭게 하시며, 감당할 수 있는 은혜를 주시기에 늘 부족하지만 그래도 희망을 가지고 살아갑니다. 마리아와 엘리사벳은 성령 안에서 하나가 되었고, 서로에게 주신 은혜를 감사하며 축복합니다. 마리아에게 성령님이 임하지 않았다면 일어날 수 없는 일입니다. 엘리사벳에게 성령님이 임하지 않았다면 누릴 수 없는 상황들입니다. 마리아를 통하여 일하셨던 성령님은 오늘 우리들을 통하여서 일하십니다. 엘리사벳의 마음을 넉넉하게 하셨던 성령님은 오늘 우리들의 마음을 넉넉하게 하십니다. 성령님을 떠나서는 새로운 은혜를 경험하지 못합니다. 지혜가 아무리 뛰어나고, 세상의 많은 지식을 소유하고 있어도 성령님의 도우심이 없이는 그저 인간이 가지고 있는 것은 한계일 뿐입니다. 넘어설 수 없는 벽, 감당할 수 없는 두려움, 인생을 살아갈 때 만나는 어려움은 성령님의 인도하심 안에서 감사로 변하게 될 것입니다. 오늘도 겸손하게 성령님과 함께입니다.

:: 기도 나눔

하나님 아버지, 마리아에게 기쁨이 가득하도록 은혜를 주셨던 성령님이 저에게도 충만하도록 도와주시옵소서. 엘리사벳을 위로하시고, 마리아의 방문을 "내 주의 어머니라" 찬양하도록 했던 성령 충만의 삶이 되도록 도와주시옵소서. 세상이 감당하지 못하는 삶이되기를 원하는 것은 인정을 받고자 함이 아니요, 하나님의 영광이 되고자 함이오니, 성령님 제 마음이 거룩한 영역으로 가득하도록 도와주시옵소서.

≫ 뜻 나눔

내 주의 모친 - "나의 주" 엘리사벳이 마리아의 복중에 있는 아기를 보고 고백

4. 1:57-80

사가랴의 찬가

:: 말씀 나눔

아이를 기대할 수 없었던 사가랴와 엘리사벳, 그들에게 베풀어주신 하나님의 자비는 귀한 생명이 되어 많은 사람들에게 즐거움을 준다. 아기는 팔 일이 되어 하나님의 율법에 따라 할례를 받게 되고, 친족들은 아버지의 이름을 따라 사가랴로 지으려고 한다. 그러자 어머니 엘리사벳은 사갸랴가 아닌 요한이라 하도록 한다. 이름을 쓰려는 사람들이 친족 중에 요한이라 이름 하는 사람이 없다 하니 아직 입이 열리지 않은 사가랴도 서판을 달라하여 아기의 이름을 요한이라 쓴다. 사가랴는 하나님께서 보내신 가브리엘의 좋은 소식을 듣고 나이가 많아 있을 수 없는 일이라고 생각하였고, 하나님은 그런 사가랴의 입을 닫아버리셨다.

사가랴와 엘리사벳에게 귀한 아기가 맡겨진 것은 참으로 놀라운 일이다. 그러나 또 하나의 놀라운 일이 일어난다. 말을 하지 못하였던 사가랴의 입이 열린 것이다. 가브리엘은 하나님의 계획이 이루어지기까지 말 못하는 자가 될 것이요, 때가 되면 이루어지리라 했었다. 아기가 할례를 받고 요한이라 이름을 지으니 천사가 말한 대로 곧 사가랴의 입이 열리고 혀가 풀리며 말을 하게 된 것이다. 혀가 풀린 사가랴는 가장 먼저 살아계신 하나님을 찬양한다. 아기 요한이 태어난 일, 사가랴에게 일어난 일, 모든 일련의 사건들을 본 이웃사람들은 매우 두려워한다. 이 소문은 유대 산골에 두루 퍼지게 되고, 듣는 사람들은 아이가 장차 어떻게 될까 궁금해 한다. 이는 하나님의 손길이 아기 요한과 함께 하고 계시기 때문이다.

요한의 아버지 사가랴에게 성령이 충만하게 임하였고, 성령의 충만은 곧 예언의 찬양이 되며, 찬양의 내용은 이러하다. "이스라엘의 하나님은 사랑하는 백성들을 돌아보셨고, 거룩한 선지자의 입을 통하여 말씀하셨던 언약을 기억하셨다. 그리하여 이스라엘 백성들의 원수와 그들을 미워하는 자들에게서 구원을 이루어 주심으로 두려움 없이 하나님을 섬기게 하셨다. 요한아 너는 지극히 높으신 하나님의 선지자라. 너는 주님보다 앞에 서서 그의 길을 준비하여라. 죄 용서함을 받아 구원을 얻는 지식을 하나님의 백성들에게 가르쳐 줄 것이다. 하나님은 해를 높이 뜨게 하셔서 어둠과 죽음의 그늘에 앉아 있는 자에게 비추게 하시고, 우리의 발을 평화의 발로 인도하실 것이다. 이것이 우리를 향하신 하나님의 긍휼이다." 아름다운 사가랴의 예언의 찬양이다. 아기 요한은 자라서 심령이 굳세어졌다. 그는 하나님의 때, 곧 주님께서 이스라엘 백성들에게 나타나는 날까지 빈들 광야에서 살아간다.

:: 묵상 나눔

하나님의 임재, 성령의 충만은 결코 하나가 될 수 없는 하나님의 영역과 세상의 영역을 하나 되게 합니다. 세상의 영역에서는 엘리사벳이 아기를 가질 수 없습니다. 하나님의 능력의 영역이 함께하기에 가능한 일입니다. 세상의 영역에서는 엘리사벳의 복중에 있는 아기가 마리아의 방문으로 뛰어놀 수 없습니다. 하나님의 은혜의 영역이 함께 하기에 가능합니다. 세상의 영역에서는 아무런 이유가 없이 입이 닫히어 말을 하지 못하는 일은 없습니다. 하나님의 초월적인 능력의 영역이 함께 하기에 가능한 일입니다. 세상은 결코 하나님을 인식할 수 없습니다. 그러나 하나님의 긍휼의 영역은 인간의 눈을 열어 주시어 하나님을 섬길 수 있도록 했습니다. 하나님의 영역과 연속선상에 있었으나 어둠과 죽음의 그늘에 가리워 하나가 될 수 없었던 세상인데, 이런 곳에 하나님은 다시 찾아오셨습니다. 하나님은 찬란한 해를 높이 뜨게 하셔서 모든 어둠의 그늘을 비추어 주셨습니다. 모든 곳곳이 하나님의 영광으로 가득하여 평화의 발걸음이 되게 하셨습니다.

:: 기도 나눔

하나님 아버지, 믿음의 선진들에게 하셨던 약속을 잊지 않고 기억하여 주셔서 감사합니다. 하나님을 결코 섬길 수 없는 존재이오나 긍휼을 베풀어 주시어 예배할 수 있도록 하시니 감사합니다. 하나님, 세상의 영역 안에서 발을 디디며 살아갑니다. 그러니 아주 자연스럽게 하나님의 것들보다는 세상의 것들에 익숙합니다. 간절히 기도하오니, 하나님의 것들이 익숙할 수 있도록 성령 충만의 은혜를 내려 주시옵소서.

≫ 뜻 나눔

서판 - 왁스를 입힌 작은 나무판자로 종이 대용으로 쓰임

5. 2:1-7

역사 속으로 오신 예수님

:: 말씀 나눔

가이사 아구스도의 본명은 가이우스 옥타비아누스(Gaius Octavianus)이다. 옥타비아누스는 안토니우스와 클레오파트라가 관계된 악티움 해전을 승리하면서 로마의 내전을 종식시키게 된다. 그의 막강한 세력은 BC. 27년 로마 원로원에 의해 '위대하고 고귀하며 지극히 숭배 받는' 의미를 가지고 있는 '아우구스투스'라는 칭호를 받으며 로마의 초대 황제가 된다. 그의 탁월한 통치 능력은 정치와 행정에 이르기까지 모두에게 칭송을 받게 된다. '팍스 로마나(Pax Romana)'라고 지칭하는 것도 여기에서 유래한다. 옥타비아누스가 다스리던 시기에는 로마제국의 정치, 법률, 기술, 언어, 문학, 종교 등 모든 분야에서 놀라운 성과를 얻게 되고 막강한 힘을 누리게 되었다.

신구약 중간시대에서부터 새로운 신약시대로 접어드는 시기를 가장 강력한 권력으로 통치하였던 옥타비아누스는 로마에 속한 모든 나라들에게 인구조사를 실시하게 한다. 모든 사람들이 호적을 하기 위하여 각각 자기의 고향으로 돌아가고 있다. 갈릴리 나사렛 동네에 살고 있었던 요셉도 정혼한 마리아와 함께 유대 베들레헴을 향하여 올라간다. 이미 성령과 하나님의 능력으로 잉태하였던 마리아는 이제 해산할 날이 가까워 움직임이 자유롭지 못하다. 그럼에도 하나님은 이미 예언하신 말씀이 이루어지도록 하시기 위하여 요셉과 함께 베들레헴을 향하여 떠나게 하신다. 하나님은 마리아에게 이런 모든 과정을 이겨내고 구약의 예언된 말씀대로 유대 베들레헴에서 우리의 구원자이신 메시야를 해산하게 하신다. 인성을 가지고 성육신하신 예수님은 강보에 쌓인 채 구유에 뉘어있다.

갈릴리 나사렛 동네는 요셉과 마리아가 살고 있는 곳으로 팔레스타인의 북쪽지방이다. 그러나 하나님은 이미 "베들레헴 에브라다야 너는 유다 족속 중에 작을지라도 이스라엘을 다스릴 자가 네게서 나올 것이라 그의 근본은 상고에, 영원에 있느니라(미5:2)" 예언하셨다. 그러니 예수님은 나사렛이 아닌 베들레헴에서 탄생하셔야 한다. 당시 역사 속으로 들어가 보면 다음과 같다. 황제였던 아구스도는 모든 사람이 호적을 할 것을 명령한다. 황제의 명령은 요셉과 마리아가 함께 호적을 하기 위하여 베들레헴을 향하여 움직이도록 한다. 마리아는 만삭의 몸으로 갈릴리 산지를 지나 이스르엘 골짜기, 요단 골짜기, 베다니 지역, 여리고 앞에서 요단을 건너야 하는 여정을 소화해내야 했다. 하나님의 은혜를 입은 마리아지만 지금은 예수님의 어머니로서 복중의 아기와 함께 힘겨운 시간을 이겨내고 있다.

:: 묵상 나눔

팍스 로마나의 시대를 열었던 옥타비아누스는 인간으로 누릴 수 있는 권력을 마음껏 누리며 생을 마감하였습니다. 한 시대를 마음껏 호령하며 그의 힘이 절정에 이르렀던 때에 베들레헴 한 작은 마구간에서 기쁨의 소식이 들려옵니다. 하루 묵을 여관을 구하지 못하여 마음은 조급한데 해산의 기미가 느껴집니다. 여관을 찾아 여기저기를 방황하는 끝에 이웃의 사랑을 입어 그나마 마구간에서 몸을 풀었습니다. 그 시대를 지배하던 최고의 권력은 인간이 누릴 수 있는 모든 호사를 다 누리고 있습니다. 세상의 권력은 생명을 존중하는 것보다 세상으로부터 위대한 존경을 받고자 합니다. 예수님께서 이 땅에 오신 이유, 탄생의 과정과 비교되는 장면들입니다. 그러나 역사는 아기 예수의 것이며, 세상 권력은 단지 율법과 선지자들을 통하여 하신 예언을 이루기 위한 도구일 뿐입니다. 우리의 역사는 오직 살아계시는 하나님의 것입니다. 그러하기에 오늘도 세상의 권력은 나를 유혹하지 못할 것입니다. 세상과 부딪히는 오늘이지만 예수님의 겸손이 우리를 이기게 할 것입니다.

:: 기도 나눔

자비로우신 하나님 아버지, 세상을 움직이는 힘이 권력인 듯 보여지지만 그 권력을 통치하시는 분은 하나님이십니다. 매일매일 세상과 싸워가는 삶의 자리에서 하나님의 하나님 되심을 잊지 않도록 도와주시옵소서. 세상의 주인 되시는 예수님께 여관 하나도 허락하지 않으신 하나님의 뜻을 늘 마음에 새겨 오늘도 송축하는 영혼 되게 하옵소서.

≫ 뜻 나눔

첫아들 - 요셉과 마리아의 아들을 강조

6. 2:8-21

목자들이 예수탄생 소식을 듣다

:: 말씀 나눔

어두운 밤이다. 모든 생명들이 하루의 피곤을 씻어내는 동시에 내일의 수고를 위하여 쉬는 시간이다. 새로운 날을 준비하는 사람들과 달리 목자들은 자기 양떼를 지키기 위하여 어둠을 밝히고 있다. 비록 주목을 받지 못하는 그들이지만 주어진 일에 힘을 다하고 있는 목자들에게 주의 사자가 곁에 서고 주의 영광이 그들을 비추인다. 어둠이 가득한 곳에 빛으로 그들의 마음과 눈을 열어 주신다. 목자들은 일찍이 경험하지 못했던 일이기에 두려움에 쌓인다. 두려워하는 목자들에게 천사는 무서워하지 말라는 위로와 함께 기쁨의 좋은 소식을 전하여 준다. "오늘 다윗의 동네에 너희를 위하여 구주가 나셨으니 곧 그리스도 주시니라"

갑자기 수많은 천군이 그 천사와 함께 하나님을 찬양하는 소리가 들린다. 하늘의 천군 천사의 소리라면 얼마나 장엄하고 웅장하겠는가. 온 세상이 그 위엄 앞에 머리를 숙일 정도의 큰 소리였을 텐데 하나님 주신 기쁨의 소식은 목자들에게만 한정하여 들려지는 소리다. 시간과 공간을 다스리시는 하나님께서 모두가 잠든 조용한 밤에 오직 기쁨을 함께 나눌 목자들에게만 하늘의 찬양소리가 들리게 하신 것이다. 하나님은 어두운 밤을 선택하셨고, 세상 적으로 인정받지 못하는 목자들을 선택하셨다. 하나님의 방법으로 세상의 구원자를 보내시고 기쁨의 소식을 목자들이 알도록 하였다. "지극히 높은 곳에서는 하나님께 영광이요 땅에서는 하나님이 기뻐하신 사람들 중에 평화로다”

하나님의 영광을 직접 목격한 목자들은 말씀대로 이루어진 일을 보기 위하여 마리아와 요셉과 구유에 누인 아기를 찾아 베들레헴을 향하여 간다. 기쁨의 소식을 듣고 영광의 찬양 가운데 함께 하였던 목자들의 심정은 어떠하였을까? 이미 이루어진 감격이요 기쁨이다. 새로운 희망을 누릴 수 있는 은혜는 오직 오늘의 피곤을 이겨내는 것이 아니라 영원한 위로요 안식인 것이다. 구유에 누운 아기를 찾은 목자들은 천사가 자기들에게 일러준 말을 전한다. 하나님의 영원한 생명이 시작된 그곳에서 목자들의 소식을 듣고 요셉과 마리아는 놀라움을 감추지 못한다. 목자들은 그들에게 주셨던 은혜를 인하여 하나님께 영광을 돌리고 찬송하며 돌아간다. 마리아는 이 모든 말을 마음에 새기어 생각한다. 할례 할 팔일이 되어 잉태하기 전 천사가 일러준 대로 이름을 예수라 한다.

:: 묵상 나눔

목자들은 모두가 잠든 시간에도 그들의 임무를 다하여 양들을 지키고 있습니다. 비록 천대를 받는 직업이었지만 게을러 잠에 빠지지 않고 양들을 지키기 위하여 온 힘을 다할 때 하나님은 목자들의 눈을 열어주시고, 하늘의 영광을 볼 수 있도록 하셨습니다. 하나님은 예수님 탄생의 기쁜 소식을 낮고 낮은 목자들에게 전하여 주십니다. 결코 화려하지도 않고 위대하지도 않는 방법으로 기쁜 소식이 번져가도록 하십니다. 지극히 높은 곳에 머물렀던 하나님의 영광은 세상의 모든 사람들에게 빛으로 오셨고, 그 빛은 세상의 모든 차별이 무너지게 했습니다. 예수님의 탄생을 축하하는 밤 하늘의 장엄한 찬양은 분명 목자들에게만 들려지는 영광입니다. 하나님은 우리들의 마음을 여시기도 하고, 닫히게도 하시는 분이십니다. 우리의 마음을 열어주시지 않으면 우리는 하나님의 영광을 볼 수 없습니다. 마음을 열어주시지 않으시면 하나님의 선하시고, 기뻐하시고, 온전하신 뜻이 무엇인지 분별할 수도 없습니다. 그러니 오늘도 우리들의 마음을 열어주시기를 기도해야 합니다. 하나님의 영광을 보고, 그 능력을 힘입어 마음을 다하는 오늘 하루가 될 수 있도록 기도하는 하루입니다.

:: 기도 나눔

살아계신 하나님 아버지, 만삭의 몸으로 베들레헴을 향하여 움직이는 마리아에게 날마다 새로운 힘을 주신 하나님을 찬양합니다. 예수님 탄생의 순간 세상의 권력과 함께 하지 않으시고, 작은 목자들을 통하여 영광이 찬양되도록 하시니 감사합니다. 차별이 없으신 하나님의 사랑은 오늘을 신음하는 저희에게 힘이요, 위로입니다. 그러하오니 하나님의 영광을 보게 하시어 그 위대하신 능력으로 오늘을 이겨낼 수 있도록 도와주시옵소서.

≫ 뜻 나눔

이루어진 일 - “일”은 “말씀”을 의미, “말씀”은 “말씀”과 “행동”의 이중적 의미

7. 2:22-40

성령이 충만한 시므온과 안나

:: 말씀 나눔

“여인이 임신하여 남자를 낳으면 그는 이레 동안 부정하리니 곧 월경할 때와 같이 부정할 것이며 여덟째 날에는 그 아이의 포피를 벨 것이요(레12:2-3), 아들이나 딸이나 정결하게 되는 기한이 차면 그 여인은 번제를 위하여 일 년 된 어린양을 가져가고 속죄제를 위하여 집비둘기 새끼나 산비둘기를 회막문 제사장에게로 가져갈 것이요(레12:6)” 여인이 아들을 낳았을 때 7일 동안 부정하며 33일 동안 집 안에 머물러야 한다. 기한이 차기 전에는 그 어떤 성물도 만져서는 안 되며 성전에 들어가서도 안 된다. 40일이 지나면 여인은 번제를 위하여 일 년 된 어린 양을 가져가고 속죄제를 위하여 집비둘기 새끼나 산비둘기를 회막문 제사장에게로 가져가야 한다. 만약 어린 양을 제물로 바칠 수 없는 형편이라면 산비둘기나 집비둘기로 속죄제물을 삼을 수 있다. 이스라엘 백성들에게 명령하신 율법이다.

마리아와 요셉은 율법에 따라 산비둘기나 집비둘기로 정결예식을 드리기 위해 예루살렘 성전을 방문하였다. 그들은 성전 안에서 시므온이라 하는 사람을 만났는데 그는 의롭고 경건하여 그리스도를 기다리는 사람이었다. 그날도 성령님의 인도하심을 따라 성전에 들어갔는데 그때 율법의 관례대로 정결예식을 행하기 위하여 찾아온 요셉과 마리아의 품에 있는 예수님을 보게 된다. 시므온은 예수님이 그리스도이심을 단번에 알아본다. 감격에 찬 시므온은 아기를 안고 구원을 허락하신 하나님을 찬양한다. 이방인과 이스라엘을 위해 예비하신 구원의 빛이요 영광이 되실 예수님. 선한 사람을 흥하게 하실 것이며 뜻을 거스르는 자들은 패하게 하실 예수님. 여러 사람들의 마음의 생각을 드러나게 하시므로 주의 거룩한 백성이 되게 하실 예수님. 시므온은 하나님의 은혜를 너무 기뻐하여 온 마음을 다하여 찬양한다. 그리고 "주재여 말씀하신 대로 이제는 주의 종을 평안히 놓아 주시는도다" 고백한다.

아셀 지파 바누엘의 딸 안나 선지자가 있다. 안나 선지자는 결혼하여 일곱 해 동안 밖에 남편과 함께 하지 못했다. 남편이 죽고 과부가 되어 팔십사 세가 되기까지 성전을 떠나지 않고 주야로 금식하며 기도하는 선지자로 살아왔다. 이 날도 성전에서 기도하던 안나 선지자는 요셉과 마리아의 품에 안겨 정결예식을 위하여 성전을 찾은 예수님을 알아보았다. 예수님을 만난 안나 선지자도 하나님께 감사의 찬양을 드리고 구원의 기쁜 소식을 기다리는 많은 사람들에게 예수님의 소식을 전하여 준다.

하나님의 은혜가 예수님과 함께 하였기에 자라면서 강하여졌고, 지혜는 충만하다.

:: 묵상 나눔

정결예식의 날이 되어 요셉과 마리아는 아기를 주께 드리기 위하여 성전으로 올라갑니다. 그때 성령의 인도로 성전에 들어간 사람이 있습니다. 바로 의롭고 경건한 사람으로 이스라엘의 위로를 기다렸던 시므온입니다. 시므온은 성령이 임하였던 사람이었고, 그리스도를 보기 전에는 죽지 않을 것이라는 성령의 지시를 받았던 사람입니다. 그 영광의 자리에 함께 했던 여자 선지자가 있습니다. 남편을 너무나 빨리 잃어 참으로 긴 세월을 홀로 살아갔던 안나 선지자입니다. 그녀는 성전을 떠나지 않고, 주야로 금식하고 기도하면서 살았던 사람이었습니다. 시므온과 안나 선지자의 삶의 자리는 예루살렘 성전이었습니다. 성전에서 하나님의 은혜를 바랐고, 성전에서 하나님의 뜻이 이루어지기를 위하여 기도했습니다. 그들만을 위한 기도가 아니라 하나님의 영광, 하나님의 뜻을 위한 기도였고, 삶이었습니다. 이처럼 성령님은 우리의 심령이 오직 하나님을 향하도록 도우십니다. 그리고 하나님의 영광의 자리에 머무르도록 은혜를 베풀어 주십니다.

:: 기도 나눔

하나님 아버지, 성령 충만한 삶은 우리로 놀라운 일들을 보게 합니다. 이겨낼 수 없는 일들을 감당하게도 합니다. 하나님의 영광이 될 수 있도록 성령 충만한 삶이 되게 하옵소서. 하나님의 은혜를 누리며 나타낼 수 있도록 성령 충만한 삶이 되게 하옵소서. 늘 하나님의 영광이 임하는 자리에 머물 수 있도록 도와주시옵소서.

≫ 뜻 나눔

주의 거룩한 자라 하리라 - '주께 거룩하다고 불리리라', 하나님께 봉헌됨을 뜻

8. 2:41-52

성령님과 함께 하시는 예수님

:: 말씀 나눔

유대 남자아이들의 자녀교육을 살펴보면 태어 난지 8일째에 할례를 받는다(창17:12). 세 살이 되면 술을 단 옷을 입고(민15:38-41, 신22:12), 다섯 살이 되었을 때는 두루마리에 기록된 율법(쉐마:Shema, 할렐:Hallel)을 어머니로부터 배우게 된다(신6:1-3). 시간이 지나서 10살이 되면 탈무드인 미쉬나를 공부하게 되고, 13세가 되면 "언약의 아들" 혹은 “계명의 아들”이 되었다. 이때부터 하나님의 율법을 지키게 되고, 스스로의 행동에 책임을 질 수 있다는 것을 의미하기도 한다. 또한 유대인으로서 공회회원이 될 수 있으며, 성인으로도 인정을 받게 된다. 미쉬나를 보면 13세가 되기 1,2년 전 유월절에 미리 성전을 가서 보아야 하는 규정이 있기도 하다.

유월절은 유대인들에게 있어 선택된 백성임을 모든 민족에게 알리는 날이요, 새로운 희망을 향하여 출발하는 기쁨의 날이다. 신명기 16:1-2절을 보면 “네 하나님 여호와께 유월절을 행하라… 여호와께서 자기의 이름을 두시려고 택하신 곳에서 소와 양으로 하나님 여호와께 유월절 제사를 드리되.” 하나님은 이스라엘 백성들에게 유월절을 기억하여 영원히 지키라 명령하셨다. 그 이유는 무엇인가? 어제나 오늘이나 변함없는 모습으로 지키시는 분은 오직 하나님 한분인 것을 잊지 않기를 바라신 것이다.

예수님이 열두 살 되었을 때 부모님과 동행하여 유월절을 지키기 위해 예루살렘 성전으로 올라 가셨다. 유월절 행사를 마치고 예수님은 예루살렘에 머물러 선생들과 함께 듣기도 하고 묻기도 한다. 예수님의 질문과 답을 들으며 함께 토론하던 선생들은 예수님의 지혜에 그저 놀랄 뿐이다. 말씀 속에서 시간 가는 줄 모르고 있는 예수님과 다르게 그의 부모님은 집을 향하여 가고 있었다. 한참을 가는데 예수님이 없다는 것을 알게 된다. 다시 예루살렘에 올라와 선생들과 함께 있는 예수님을 보고 안심하며, 그의 부모는 사흘이나 근심하며 찾았던 시간을 말한다. 예수님은 "어찌하여 나를 찾으셨나이까 내가 내 아버지 집에 있어야 될 줄을 알지 못하셨나이까"는 말로 하나님의 뜻을 이루기 위하여 이 땅에 오셨다는 것을 말한다. 그러나 부모님은 예수님의 말씀을 이해하지 못한다. 성전에서 모든 일들을 마치시고 집으로 돌아오신 예수님, 이제 나사렛에 이르러서는 육신의 부모님을 순종하며 받드신다. 예수님은 지혜와 키가 자라가며 하나님과 사람에게 더욱 사랑스러워 가신다.

:: 묵상 나눔

예수님과는 불가분의 관계이며, 연속선상에 놓여 있는 유월절입니다. 예수님은 유월절 전 기간(8일)이 모두 끝났으나 집으로 돌아가지 않고 성전에 남게 됩니다. 그곳에서 선생들 가운데 앉아 그들의 말을 듣기도 하고, 묻기도 하고 있습니다. 유월절의 주인이시며, 말씀의 주인이 되시는 예수님이시지만 그 모든 권능이 다만 예수님의 내면에 감추어져 있습니다. 하나님의 크고 은밀한 뜻을 가지고 계시는 예수님, 그 크기만큼 세상과 싸워야 하는 예수님은 침묵하시며 하나님의 때를 기다리십니다. 하나님의 아들로서의 정체성은 십자가의 역사를 이루기 위한 오늘이고, 육신의 아들로서는 부모님께 순종하시는 오늘입니다. 그런데 열두 살 소년 예수님의 마음속에는 어떤 꿈, 어떤 고민이 있었을까? 생각해봅니다. 이 땅에 오신 목적은 단 하나인데, 모든 순간에 흔들림이 없었을까? 생각해봅니다. 하나님의 아들이기에 가지고 있는 고민, 인간의 아들로 만나고 있는 내면의 고민은 무엇이었을까요. 서로 다른 정체성 속에서 하나의 뜻이 될 수 있는 것, 이것이 하나님의 능력입니다.

:: 기도 나눔

하나님 아버지, 오늘도 주님의 이름으로 하루를 시작하게 하시니 감사합니다. 하나님, 하나님의 사람으로서 정체성이 있으나 인간이기에 무너집니다. 긍휼을 베풀어 주시어 따뜻한 마음이 되게 하시고, 이기고자 악을 행하지 않도록 하옵소서. 오늘도 허락하신 하루에 최선을 다할 수 있도록 도와주시옵소서. 거룩한 주의 영이 충만하여 하나님 기뻐하시는 정직하고 진실한 하루가 되도록 도와주시옵소서.

≫ 뜻 나눔

유월절 : ㈁페사흐, (헬)파스카, (영)pass over 유대인의 3대 축제 중 하나

9, 3:1-22

세례 요한의 당당한 외침

:: 말씀 나눔

로마의 역사를 새롭게 썼던 가이사 아구스도가 죽고 그 뒤를 이어 디베료 가이사(티베리우스)가 새로운 황제가 된지 열다섯 해가 되었다. 유대의 총독은 본디오 빌라도, 갈릴리의 분봉 왕은 헤롯이다. 그들은 예수님과 제자들에게 세상 권력의 힘이란 무엇인가를 가감 없이 있는 그대로 보여주었던 인물들이다. 대제사장으로는 안나스와 가야바다. 유대인들에게 있어 제사장은 종신직이었으나 당시 로마인들이 정치적인 목적을 가지고 임명과 해임을 간섭하였다. 그럼에도 유대인들은 율법에 따라서 종신직으로 생각했기에 그들이 따르는 대제사장과 로마에서 임명한 대제사장이 함께 행사하였다. 안나스는 총독에 의해 해임되었으나 이스라엘 내에서는 막강한 영향력을 가지고 있었기 때문에 공식적인 대제사장은 가야바였지만 유대인들에게 있어 실제적인 영향력은 안나스에게 있었다.

하나님의 말씀이 빈들에서 살고 있는 사가랴의 아들 요한에게 임하였다. 일찍이 이사야 선지자를 통하여 예언하신 하나님의 약속이 이루어 진 것이다. 요한은 많은 사람들에게 회개에 합당한 열매를 맺으라고 외친다. 선민으로서의 정체성만 있을 뿐 삶에서는 하나님을 떠나버린 그들이다. 아브라함이 그들의 조상이었기 때문에 그의 후손들 또한 하나님의 백성이 되는 것은 당연한 일이나 하나님은 그들이 밟고 있는 돌들로도 아브라함의 자손이 되게 하시는 분이다. 하나님은 교만한 자들을 거룩한 성민이라 하지 않으시고 진정으로 겸손한 자들을 거룩한 하나님의 백성으로 인정하신다.

새로운 삶의 방식을 요구하는 요한의 외침은 백성들의 마음이 움직이도록 한다. 하나님의 말씀이 임하여 거침없이 외치는 것을 보고 사람들이 혹 그리스도가 아닐까하는 생각을 한다. 백성들의 마음을 읽고 있는 요한은 나는 물로 세례를 주지만 내 뒤에 오실 주님은 성령과 불로 세례를 줄 것이다. 나는 그의 신발끈을 푸는 것도 감당할 수 없는 부족한 사람이라고 고백한다. 모든 백성이 세례를 받을 때 예수님도 세례를 받기 위해 요한을 찾아오신다. 예수님이 세례를 받으시고 기도하실 때 하늘이 열리고, 성령이 비둘기 같은 형체로 예수님 위에 강림하시더니 하늘로부터 소리가 나기를 "너는 내 사랑하는 아들이라 내가 너를 기뻐하노라"하신다.

:: 묵상 나눔

팍스 로마나, 모든 길은 로마로 통한다. 이러한 표현은 당시 로마의 권력이 어느 정도의 영향력을 가지고 있었는지 알 수 있습니다. 로마의 속국으로 살아가고 있는 것 자체가 유대인들에게 절대적인 영향을 미쳤기에 정치적으로 도움이 되는 사람들을 세워 제사장이 되도록 하였습니다. 반면 말을 듣지 않으면 해임을 당하게 하여 세상 권력의 힘을 여과 없이 보여주었습니다. 세상의 권력 앞에서 추풍낙엽과 같은 존재일 수밖에 없는 이스라엘 백성들이었지만 세례요한의 외침은 두려움이 없었습니다. 하나님 앞에서 진실하였고, 세상 앞에서 당당하였습니다. 세례요한의 "회개하라"는 외침은 세리들의 마음에 거룩한 은혜가 되어 요동하게 했고, 군인들의 의식이 변하도록 했습니다. 세례요한의 외치는 소리는 그들이 하나님으로부터 얼마나 멀리 떠나 왔는지를 알게 했고, 세상에 얼마나 익숙하게 살아가고 있었는지를 깨닫게 했습니다. 예수님 앞에서 신발끈을 풀기도 감당하지 못하겠노라 고백했던 세례요한의 겸손은 많은 사람들의 의식을 변화하도록 했습니다. 이것이 하나님의 말씀이 품고 있는 은혜요, 능력입니다. 세례요한을 통하여 일하시는 성령님의 역사입니다.

:: 기도 나눔

하나님 아버지, 은혜요, 능력의 말씀을 주셔서 삶을 돌아보게 하시고, 비추어 살아가게 하시니 감사합니다. 은혜의 말씀을 가까이 하여 하나님을 멀리 떠나지 않도록 도와주시옵소서. 능력의 말씀을 사모하여 하나님의 뜻을 이루는 삶이 되도록 도와주시옵소서. 성령의 충만함으로 죄악에 익숙하지 않는 삶을 살게 하시고, 화려하도록 포장하지 않는 일상이 되도록 도와주시옵소서. 세상에서 주님의 백성으로 당당히 살아가게 하옵소서.

≫ 뜻 나눔

헤롯 - 헤롯 대왕과 말티스 사이에서 태어난 헤롯 안티파스

10, 4:1~15

시험을 받으시다

:: 말씀 나눔

세례를 받으시고 기도하실 때 성령의 충만함을 입은 예수님은 성령에 이끌리시어 40일을 광야에서 머무신다. 광야에서의 40일 동안 예수님은 아무것도 잡수시지 않았고 오직 성령님의 이끌림을 받는다. 주리신 예수님에게 가장 필요한 것은 무엇일까. 하나님은 사랑하는 아들에게 가장 필요한 것이 무엇인지 너무나 잘 아시지만 마귀의 행동을 막지 않으신다. 마귀는 예수님께 속삭인다. "네가 만일 하나님의 아들이어든 이 돌들에게 명하여 떡이 되게 하라" 이에 예수님은 "사람이 떡으로만 살 것이 아니라" 답하신다. 마귀는 순식간에 예수님을 이끌고 올라가서 천하만국을 보이며 만일 마귀에게 절을 하면 모든 권위와 영광을 주겠다고 한다. 예수님은 "주 너의 하나님께 경배하고 다만 그를 섬기라" 말씀하신다. 이번에는 예루살렘 성전 꼭대기에 예수님을 세우고, "네가 만일 하나님의 아들이어든 여기서 뛰어내리라" 한다. 예수님은 "주 너의 하나님을 시험하지 말라" 마귀에게 대답하신다. 마귀는 시험을 다한 후에 얼마 동안 예수님을 떠나 있다.

오늘 본문에서의 예수님은 어떤 분이신가. 마귀의 시험을 역으로 해석해보면 먼저 예수님은 돌들로 떡덩이가 되게 하시는 분이다. 돌을 떡덩이로, 물을 포도주로 변하도록 하시는 분이다. 예수님은 보이지 않는 무한의 세계의 권세와 영광의 주인이시다. 보이지 않는 무한의 세계는 보이는 유한의 세계를 품고 있다. 마지막으로 예수님은 하나님의 아들이다. 보이는 세계의 모든 공간을 다스리시고, 보이지 않는 세계의 주인이 되시는 하나님의 사랑하는 아들이다. 세상이 그토록 바라는 영광, 예수님은 이런 세상의 영광이다.

광야에서 사십 일 동안 성령에게 이끌리시며 마귀로부터 시험을 받으시는 예수님이다. 생각을 빼앗아 가고 시간을 빼앗아 가는 공간, 광야다. 그런데 성령님은 예수님을 광야로 이끌어 가신다. 그리고 그곳에는 마귀의 시험이 예수님을 기다리고 있다. 예수님에게 광야는 인간의 생각을 버리고 하나님의 뜻으로 채우는 공간이요, 광야에서의 예수님의 시간은 인간의 만족을 버리고 하나님의 영광이 되기 위한 시간으로 채워 가신다. 하나님의 영광으로 채워진 예수님의 소문은 갈릴리 사방의 온 지역에 두루 퍼진다. 하나님의 영광은 이제 예수님께는 능력이 되어 드디어 가르침의 역사가 시작된다.

:: 묵상 나눔

지극히 높으신 이의 선지자요, 주 앞에 앞서 가서 그 길을 준비하는 세례 요한의 외침이 시작 되었습니다. 세례 요한이 그 존재를 드러냈다는 것은 곧 예수님의 사역이 시작되는 것을 의미합니다. 세례 요한을 통하여 세례를 받으신 예수님의 시작은 광야입니다. 분명히 하늘이 열리고 성령이 강림하시고, 나의 사랑하는 아들이라는 음성은 예수님의 사역이 아침 해와 같은 놀라운 영광의 길일 것 같습니다. 그러나 우리의 기대와는 다르게 예수님은 성령에게 이끌리시어 광야로 가셨고, 사십 일 동안 마귀에게 시험을 당하십니다. 그것도 40일 동안을 아무것도 드시지 못한 채 그러하셨습니다. 하나님은 사랑하는 아들의 광야에서의 40일을 눈감으십니다. 마귀에게 시험을 당하시는 사십 일 동안도 하나님은 눈감으십니다. 그 동안 아무것도 잡수시지 않으셨으나 하나님은 그 시간도 눈감으십니다. 사랑하는 아들이 홀로 이겨내야 하는 고통의 시간입니다. 그러나 예수님의 광야에서의 시간은 하나님의 능력을 잃어버리는 시간이 아니었습니다. 믿음도 신뢰도 잃어버리는 시간이 아니었습니다. 거룩한 희망을 위하여 하나님의 능력으로 채워가는 시간이었습니다.

:: 기도 나눔

하나님 아버지, 광야에서도 여전히 하나님의 능력으로 충만하였던 예수님의 발자취입니다. 하나님께서 잠시 눈감으시는 광야에서도 예수님 앞에 펼쳐질 기쁨을 위하여 이겨내신 사랑을 생각합니다. 한 치 앞도 모르는 연약한 인생이요, 수시로 만나는 광야의 시간이기에 오직 성령님의 인도하심을 바랍니다. 세상에서 넘어지지 않도록 도와주시옵소서. 나의 욕심을 채우기 위해 사탄의 도구가 되지 않도록 도와주시옵소서.

≫ 뜻 나눔

성령에 이끌리시며 - 사십 일 동안 성령님의 인도를 받은 것을 강조

11. 4:16-21

죄로부터의 자유

:: 말씀 나눔

예수님은 자라시던 곳 나사렛에 오셔서 늘 하시던 대로 회당을 찾으신다. 이스라엘 백성들은 애굽을 떠나 가나안 땅에 들어가기까지 이동이 가능한 성막을 지어 제사를 드렸다. 이후 솔로몬 때에는 성전을 지어 그곳에서 제사를 드리게 된다. 성전에서 제사를 드리게 되자 이스라엘 백성들의 삶은 제사의식이 중심이 되었다. 그러나 이스라엘이 바벨론에 멸망당하게 되자 성전은 무너지고 포로가 되어버린 백성들은 성전이 없는 상황에 놓인다. 이에 그들의 종교성을 잃지 않기 위하여 세운 것이 회당이다. 성전이 없어지고 더 이상 제사제도를 유지할 수 없는 상황에서 회당은 율법을 가르치고, 지키는 생활로 정체성의 흐름을 바꾸어 놓는다. 회당은 종교와 교육을 중심으로 하였고, 제사중심에서 율법중심으로 변하게 했다.

안식일이 되어 예수님은 회당을 찾으신다. 늘 하시던 대로 성경을 읽으려하자 누군가가 선지자 이사야의 글을 드린다. 예수님이 선택하신 말씀은 이사야 61:1절의 말씀이다. "주의 성령이 내게 임하셨으니 이는 가난한 자에게 복음을 전하게 하시려고 내게 기름을 부으시고 나를 보내사 포로 된 자에게 자유를, 눈 먼 자에게 다시 보게 함을 전파하며 눌린 자를 자유롭게 하고 주의 은혜의 해를 전파하게 하려 하심이라" 예수님은 이사야의 말씀에서 기록된 은혜의 해를 전파하실 분이 당신인 것을 나타내시며 회중을 바라본다. 어떤 말씀을 하실까 주목하는 이들에게 예수님은 이 말씀이 그들에게 이루어졌다는 것을 다시 말씀하신다.

회당에 있는 사람들은 예수님의 은혜로운 말을 놀랍게 여긴다. 매우 은혜롭게 생각되는 말이지만 목수의 아들 예수이기 때문에 그들은 마음을 열지 않는다. 예수님은 마음에 벽을 쌓고 있는 그들에게 구약시대 엘리야 선지자 때 있었던 사건, 즉 시돈 땅에 살았던 사렙다 과부의 이야기와 엘리사 때 수리아 사람 나아만 장군의 이야기를 시작한다. 엘리야 시대에 삼년 육 개월 동안 비가 내리지 않아 긴 가뭄으로 흉년이 들었다. 흉년으로 먹을 것을 구하지 못한 많은 과부들이 있었지만 하나님의 은혜를 입은 자는 시돈사람 사렙다 과부뿐이었다. 엘리사 시대에도 마찬가지다. 수많은 나병환자가 있었으나 하나님의 은혜를 입어 깨끗하게 회복 된 자는 수리아사람 나아만 장군 뿐이었다. 이스라엘 백성들은 하나님의 자녀로 특권을 누릴 수 있었으나 그들이 받아들이지 않았기 때문에 그 은혜를 누린 사람들은 이방 사람들이다. 이방인들에게 베푸신 하나님의 은혜를 인정하기 싫었던 사람들은 예수님을 낭떠러지에 밀치려 하였으나 예수님은 오히려 그들 가운데로 지나가신다.

:: 묵상 나눔

하나님께서 약속하신 메시아가 이 땅에 오시면 로마의 권력은 아침 안개와 같이 사라질 것이라는 희망을 가지고 살아가는 이스라엘 백성들입니다. 때문에 그들의 기다림은 오늘의 힘겨운 시간을 이겨낼 수 있는 가장 큰 이유입니다. 그런데 예수님의 행보는 그들의 바람대로 희망을 선물하지 않습니다. 가난한 자들을 찾아가셔서 복음을 전하시고, 포로 된 사람들을 찾아가셔서 자유를 누리도록 하시고, 눈 먼 자들을 찾아가셔서 다시 보게 하시며, 눌린 자를 찾아가셔서 자유롭게 하십니다. 이스라엘을 로마로부터 자유 하도록 힘쓰시는 것이 아니라 죄와 사망의 권세에 얽매어 있는 사람들이 자유를 누리도록 하십니다. 권력자들을 찾아가시는 것이 아니라 연약한 자들의 삶의 자리로 향하십니다. 뿐만이 아닙니다. 사렙다의 한 과부와 수리아 사람 나아만 장군에게 베푸신 은혜는 이제 예수님으로부터 시작 된 은혜의 해가 온 세상에 편만하기를 원하시는 하나님의 뜻임을 알게 합니다. 이것이 예수님을 하나님의 아들로 믿고 따르는 모든 자들에게 베풀어주시는 하나님의 은혜입니다.

:: 기도 나눔

하나님 아버지, 열어주신 은혜의 해가 나를 위한 은혜의 해로 고백하게 하시니 감사합니다. 하나님, 사렙다의 한 과부처럼 선택된 삶을 살아가게 하시니 감사합니다. 시리아 사람 나아만처럼 은혜를 입게 하시니 감사합니다. 오직 하나님의 은혜이오니 행여나 그 은혜를 잊어버리는 시간이 없도록 성령님 모든 순간을 붙잡아 주시옵소서.

≫ **뜻 나눔**

주의 은혜의 해 - 예수님의 시대로, 예수님을 통하여 오게 될 구원

12, 5:1~11

새로운 소명

:: 말씀 나눔

예수님이 많은 이적을 행하시며 복음을 전하셨던 게네사렛 호수는 여러 가지 이름으로 기록되어 있다. 먼저 갈릴리 지방에 있다고 해서 일반적으로 갈릴리 바다로 불렸으며, 로마황제 디베랴를 기념하여 세워진 지역에 인접한 바다라고 하여 디베랴의 갈릴리 바다(요6:1) 또는 디베랴 호수(요21:1)라고 불리기도 했다. 또 호수의 모양이 비파 악기를 닮았다고 하여 긴네렛(민34:11,수12:3)으로 불리어졌는데 그 이름이 조금씩 변하여서 예수님 당시에는 게네사렛 호수라고 불리게 되었다. 게네사렛 호수의 주변 지역은 교통의 중심지였다. 아홉 개의 성읍이 해변에 있었고 많은 사람들이 살고 있었기에 예수님의 사역과 관계된 중요한 기념 교회들이 있는 곳이기도 하다.

예수님이 들려주는 하나님의 말씀은 수많은 무리들에게 희망을 주었다. 그들의 상한 마음에 위로를 주었고, 육신이 연약한 자들에게는 따뜻한 손길로 회복의 은혜를 경험하게도 했다. 예수님의 끊임없는 사랑의 섬김은 주위에 무리들이 모여들 수밖에 없도록 하는 요인이 되기도 했다. 게네사렛 호수를 찾으신 주님을 만나기 위해 무리들이 몰려온다. 여느 날과 똑같이 무리들이 있고, 하나님의 말씀이 전하여지고 있다. 말씀을 마치신 예수님은 밤이 새도록 수고하였으나 아무것도 잡지 못하여 상심한 시몬에게 깊은 데로 가서 그물을 내려 고기를 잡으라고 말씀하신다. 고기 잡는 일을 전문으로 살아온 시몬이다. 그러나 시몬은 선생님이라 표현하는 예수님의 말씀을 의지하여 그물을 내린다.

놀라운 일이 일어났다. 밤이 새도록 수고하였으나 수고의 기쁨을 누리지 못한 어부들인데 예수님의 말씀을 의지하였을 때 감당할 수 없을 정도의 기쁨을 맛보게 된 것이다. 기대하지 않았던 일이요, 기대할 수 없는 상황이었다. 그런데 시몬 베드로의 상식을 버렸을 때 찾아온 풍성함은 그곳에 있었던 두 척의 배를 가득 채우게 했다. 시몬 베드로는 자기에게 일어나고 있는 일을 보고 예수님의 발아래에 엎드린다. 그리고 시몬 베드로의 고백은 "주여 나를 떠나소서 나는 죄인이로소이다" 예수님은 시몬의 고백을 받으시고 이르시되 "이제 후로는 네가 사람을 취하리라" 말씀하신다. 예수님의 부르심에 그들은 배들을 육지에 버려두고 예수님을 따르게 된다.

:: 묵상 나눔

밤이 새도록 고기를 잡았으나 한 마리도 잡지 못한 시몬 베드로, 수많은 무리들에 싸여 하나님의 말씀을 전하시는 예수님, 서로 다른 두 그림은 참 대조가 됩니다. 하나님의 아들이면서 그 나라의 주인이신 예수님이기에 하나님의 말씀을 전하는 것에는 누구도 범접할 수 없습니다. 베드로 또한 어부로 수십 년을 살아왔기에 고기를 잡는 일에 있어서는 누구보다 뒤지지 않는 전문가입니다. 베드로는 예수님을 만난 그날도 열심히 그물을 던졌습니다. 최선을 다하여 수고하였는데 고기는 한 마리도 잡지 못한 채 배에서 내려와 그물만 씻고 있습니다. 매우 상심하고 유난히 힘든 시간입니다. 낙망 속에 빠져 있는 그 시간 그곳에 예수님은 베드로를 찾아오십니다. 그리고 베드로의 귓가에 따스한 음성으로 "깊은 데로 나가 그물을 내려 고기를 잡으라" 말씀하십니다. 깊은 데로 나가는 것도, 그물을 내리는 것도 어부로서는 받아들이기 쉽지 않는 상황입니다. 그러나 예수님의 능력은 그 자리를 은혜로 물들입니다. 그리고 베드로의 순종에 은혜를 가득히 부어주십니다. 먼저 손을 내미신 예수님은 베드로의 모든 상황을 주관하시고 계십니다.

:: 기도 나눔

하나님 아버지, 밤새 수고하였으나 고기를 잡지 못한 베드로의 마음처럼 너무나 낙심되고 상심할 때가 있습니다. 아무런 생각을 할 수 없어 그저 체념하여 주저앉을 때도 있습니다. 그럴 때 베드로에게 손을 내밀어 주신 것처럼 은혜의 손을 내밀어 주시옵소서. 지치고 낙망하여 일어날 힘이 없을 때에 하나님의 방법으로 일깨워 주시옵소서.

≫ 뜻 나눔

나는 죄인이로소이다- 거룩하신 하나님의 능력을 만났을 때에만 진심으로 고백할 수 있는 표현이다.

13. 5:27~39

영혼을 소생시키시는 주님

:: 말씀 나눔

본문은 예수님께서 세관에 앉아 있는 레위를 제자로 부르시는 장면으로 시작한다. 레위는 여느 날과 똑같이 세관에 앉아 찾아오는 사람들에게 부여된 세금을 받고 있다. 레위는 하루를 시작하면서 오늘도 어제와 동일한 일상일 것이라 생각하였을 것이다. 그런데 그의 생각을 무너뜨리는 하루, 예수님께서 죄인이라 부르는 그 자리에 찾아오신다. 그리고 레위에게 "나를 따르라" 말씀하신다. 어떤 힘이 레위의 마음을 요동하게 했을까. 레위는 예수님이 부르시자 그 자리에서 바로 모든 것을 버리고 예수님을 따른다. 뿐만 아니라 그는 예수님을 위하여 큰 잔치를 베푼다. 예수님의 부르심에 어떤 망설임도 없이 따르는 레위, 찾아와 주신 예수님을 위하여 잔치를 베푸는 레위다. 이처럼 예수님의 찾아오시는 은혜는 우리의 삶의 목적이 감사와 기쁨, 벅찬 영광 안에서 변화되도록 한다.

감사와 감격, 즐거움이 가득한 잔치에 바리새인과 그들의 서기관들이 찾아온다. 스스로 의인이요, 경건한 자라 생각하는 그들은 예수님과 제자들을 향하여 세리와 죄인과 함께 먹고 마시고 있다는 말로 비아냥거린다. 당시 종교지도자들은 세리와 죄인들을 향하여 함께할 수 없는 자들로 멸시하였다. 스스로 거룩한 삶을 살아가고 있다고 외치는 종교지도자들에게 예수님은 의사가 존재하는 이유를 말씀하신다. 의사는 병든 자들에게 필요한 사람이다. 자기의 약한 부분을 인정하고 도움을 요청하는 사람들에게 의미 있는 존재다. 자기의 몸에 이상을 발견하면서도 도움을 받으려하지 않는 사람들에게 의사는 결코 의미가 없는 존재가 된다. 예수님의 구원은 모든 사람들에게 열려있다. 그러나 스스로 의인이라 외치는 자들의 마음에는 보이지 않는 유리벽이 되어 은혜가 은혜 되지 못한다.

바리새인들이 예수님께 이르기를 요한의 제자와 바리새인의 제자들은 자주 금식하며 기도하는데 당신의 제자들은 오직 먹고 마시는 일에 열심을 내고 있다고 한다. 즉 거룩한 삶이되기 위해서는 기도와 금식에 열심을 내어야 하는데 당신의 제자들은 육적인 만족을 위해 먹고 마시는 일에만 열심이라는 것이다. 예수님은 그들에게 "지금은 금식할 때가 아니고 신랑과 함께 잔치를 즐길 때이다"라고 말씀하신다. 모든 것에 때가 있는 것처럼 예수님께서 이미 새로운 시대를 열어주셨고, 지금은 예수님이 함께 하시니 슬픔과 눈물의 때가 아니요, 기쁨과 감사의 때라고 말씀하신다.

:: 묵상 나눔

인간의 몸을 입으시고 이 땅에 찾아오신 예수님은 선택하신 제자들을 일일이 찾아가십니다. 밤이 새도록 그물을 던지는 수고를 하였으나 고기를 잡지 못하여 낙심하고 있는 베드로를 찾아가셨고, 세관에 앉아 있는 세리 레위를 찾아가십니다. 세리라는 직업은 레위에게 물질적으로 부족한 것이 없는 삶이 되도록 합니다. 비록 사람들에게 멸시와 비방을 받는 직업이지만 경제적으로는 안정적인 삶입니다. 그러나 그의 영혼은 하나님의 임재 가운데서 누릴 수 있는 푸른 풀밭 쉴 만한 물가와 같은 평온함이 없습니다. 영혼을 소생시키시고, 의의 길로 인도하시는 은혜를 누리지 못합니다. 사망의 음침한 골짜기와 같은 어둠의 그늘이 드리워져 있습니다. 주님의 지팡이와 막대기의 능력은 그의 삶에 아무런 영향을 주지 못합니다. 원수들이 보는 앞에서 여전히 무너지고, 성령의 기름부음이 없으니 늘 광야와 같은 메마름입니다. 예수님은 그런 레위의 영혼을 소생시키시고, 주님의 선하심과 인자하심의 은혜를 누리도록 하십니다. 우리도 영혼을 소생시키시는 은혜를 바라는 오늘입니다.

:: 기도 나눔

하나님 아버지, 주님이 함께 하지 않으시면 늘 메마른 영혼입니다. 사망의 음침한 골짜기와 같아서 어느 것 하나 선한 뜻을 온전히 이루지 못합니다. 주님의 이름을 위한 인생이오니, 영혼을 소생시켜 주시어 어떤 상황에서도 푸른 풀밭 쉴 만한 물가와 같은 평온한 마음을 잃지 않게 하옵소서. 주님의 영광을 위하여 오늘도 호흡하오니 주님의 선하심과 인자하심으로 평화를 전하는 아름다운 발걸음 되게 하옵소서.

≫ 뜻 나눔

세리 1) 가바이 :세금을 받으러 다니는 사람 2) 모케스 : 세관 관리들의 이름

14, 6:1~11

안식일의 참 된 의미

:: 말씀 나눔

안식일이다. 예수님은 제자들과 함께 밀밭 사이를 지나가신다. 배고픔을 이기지 못한 제자들이 이삭을 잘라 비비어 먹는다. 예수님과 제자들의 일거수일투족을 감시하고 있는 어떤 바리새인들이 그 광경을 보고 안식일을 지키지 않았다며 고발한다. 안식일의 의미를 바르게 알지 못하는 바리새인들의 물음에 예수님은 삼상 21:6절의 말씀을 인용하여 제자들의 행동이 정당하였다는 것을 증명하신다. 예수님께서 인용하신 말씀의 내용은 이러하다. 다윗이 사울의 질투를 피하여 놉의 성전에 도착 하게 된다. 계속적인 도피생활로 먹지 못하였던 다윗은 제사장 아히멜렉을 찾아가 떡이나 무엇이든 먹을 것을 건네주기를 부탁한다. 제사장은 규례에 따라 제물로 차려놓았던 진설병을 새로 만든 따뜻한 진설병과 교체하고 물려 두었던 떡을 다윗에게 준다.

진설병은 성소에 진열해 놓는 떡으로 안식일 마다 새 떡으로 바꾸었으며, 묵은 떡은 오직 제사장만 먹을 수 있는 거룩한 떡이었다. 그러나 제사장은 어떤 설명도 요구하지 않고 다윗의 요청대로 진설병을 건네주었고 그 진설병으로 주린 배를 채우게 된다. 안식일의 의미는 성일을 지키기 위하여 굶어 죽어 가는 것이 아니라 인간의 필요에 따라 채워주는 것이다. 다윗은 유대인들에게 있어 가장 존경받는 왕이요, 그의 영광은 오고오는 모든 유대인들에게 여전히 희망이다. 예수님은 유대인들에게 있어 모든 세대를 통하여 가장 영향력을 주고 있는 다윗이 안식일에 취하였던 행동을 예로 들으시며, 마땅히 생각할 그 이상의 생각을 품고 있는 바리새인들의 불필요한 선을 멈추게 하신다.

또 다른 안식일이다. 이번에는 회당에 들어가신 예수님께서 하나님의 말씀을 가르치고 계신다. 그런데 그곳에 오른손 마른 사람이 있다. 서기관과 바리새인들은 예수님을 고발할 목적으로 오른손 마른 사람에게 하실 행동을 유심히 지켜보고 있다. 예수님은 이미 그들의 마음의 생각을 아시고 손 마른 사람을 부르시어 한 가운데로 서게 하신다. 손 마른 사람은 예수님의 말씀대로 순종하여 일어나 선다. 모든 회중의 시선을 집중시킨 예수님은 안식일의 참된 의미가 무엇인지를 묻는다. 안식일이 사람을 위하여 있는 것이요, 사람이 안식일을 위하여 있는 것이 아니다. 안식일을 지킨다는 명목 하에 사람이 죽어가는 것을 가만히 지켜보고 있다면 그것은 생명을 살리시는 하나님의 뜻과는 맞지 않는 행동이다. 예수님은 모든 말씀을 마치시고 손 마른 사람에게 손을 내밀라 하시고 그의 마음을 자유롭지 못하게 했던 병이 떠나가고 회복되는 은총을 베풀어 주신다.

:: 묵상 나눔

안식일을 지키는 것은 이스라엘 백성들에게 있어 매우 중요한 일입니다. 그들의 창조주 하나님을 기억하는 것, 그들에게 구원을 주시는 하나님을 기억하는 것, 그러한 신앙고백을 삶에서 보여주는 것입니다. 구약에서의 안식일에 대한 개념이 신약에서는 더욱 풍성하게 의미를 더하게 됩니다. 예수님은 본문에서 친히 주님이 안식일의 주인이라고 말씀하셨고, 선을 행하고 생명을 구하는 것이 안식일에 대한 바른 이해라고 말씀하십니다. 그러나 가장 중요한 것은 안식일의 주인이 되시는 예수님의 부활입니다. 예수님 부활의 승리는 안식일에서 주의 날, 주일로 하나님의 하나님 되심을 찬양하도록 했습니다. 하나님은 지, 정, 의, 인격을 가지고 우리들과 함께 하기를 원하십니다. 마음의 감사와 감격이 없는 상투적인 행위를 원하시지 않습니다. 생명이 죽어가는 주일이 아니라 생명이 살아나는 주님의 날을 원하십니다. 거룩하신 하나님 앞에 전심으로 나아가 영광으로 찬양하고, 오늘을 이겨내도록 하는 성령님의 임재를 충만히 느끼는 주님의 날이 되기를 바라십니다.

:: 기도 나눔

사랑의 하나님 아버지, 힘겨운 오늘도 한걸음 걸을 수 있는 것은 부활의 주님이 함께하시는 은혜가 있기 때문입니다. 구별하여 지키는 주님의 날이 습관적으로 찾는 곤고한 날 되지 않도록 도와주옵소서. 모든 주일이 간절함이고, 감사가 되게 하옵소서.

≫ 뜻 나눔

진설병 - 이스라엘의 12지파 수에 따라 열두 덩어리를 상 위에 올려놓았다.

15. 6:12~26

제자들을 위한 주님의 기도

:: 말씀 나눔

밤이 새도록 하나님께 기도하시던 예수님은 날이 밝아지자 제자들을 부르시기 시작하는데, 하나님의 뜻에 합당한 제자들을 부르시기 위하여 무릎으로 밤을 지새우신다. 지금까지 예수님을 따르던 많은 제자들 중에서 특별히 열둘을 택하시고 그들을 사도라 칭하셨다. 초대교회를 바르고 견고하게 세워갈 예수님의 열두제자들이다. 이제 사도들은 예수님의 공생애를 함께 하며 예수님의 가르치심을 따라 그들도 가르치는 자들이 될 것이다. 치유하시는 예수님의 능력을 받아 그들도 치유하는 자들로 서게 될 것이다. 그들이 전하는 복음을 듣고 많은 주의 백성들이 새로운 희망을 얻게 될 것이다.

열두 사도를 선택하신 예수님은 그들과 함께 평지로 내려오신다. 열두 사도 속에 합류하지 못한 많은 제자들과 유대 사방과 예루살렘과 두로와 시돈의 해안으로부터 온 많은 백성들이 예수님을 향하여 나아온다. 그들은 예수님의 말씀 듣기를 원하였고, 병 고침을 받기 위하여 찾아 온 자들도 있다. 온 무리가 예수님을 만지려고 힘을 쓴다. 이는 예수님의 옷자락만 만져도 병이 낫는 역사가 나타나고 있기 때문이다. 모든 병을 치유하시는 능력이 예수님으로부터 흘러 나와 병든 사람을 낫게 하는 은혜가 계속 되고 있다. 온전하게 하시는 하나님의 능력이 육신이 되신 예수님을 통하여 흐르고 있다.

예수님은 제자들을 향하여 네 가지의 축복과 네 가지의 저주를 선언하신다.

먼저 복된 자리에 속하는 자는 가난한 자, 주린 자, 우는 자, 인자로 말미암아 미움을 받는 자이다. 저주를 받는 자들은 부요한 자, 배부른 자, 웃는 자, 사람들로부터 칭찬을 받는 자이다. 복을 받는 자와 저주를 받는 자의 차이는 하나님 앞에서 자신을 어떤 존재로 인정하고 있는가이다. 가난한 자, 주린 자, 우는 자, 인자를 인하여 세상으로부터 미움을 받는 자들의 영혼은 하나님 앞에서 자신을 인식하고 있는 자들이다. 세상의 소유나 힘이 하나님보다 앞서지 않는 자들이다. 이와는 다르게 부요한 자, 배부른 자, 지금 웃는 자, 세상으로부터 칭찬을 받는 자들의 영혼은 하나님 앞에서 자신을 인식하지 못하는 자들이다. 하나님의 평안을 누릴 수 있는 조건은 소유와 힘에 있는 것이 아니요, 하나님이 어떤 분이신가를 앎으로 따라오는 영혼 회복에 있다.

:: 묵상 나눔

하나님의 소원이 예수님의 소원이었고, 예수님은 그 소원을 이루셨습니다. 하나님의 소원을 이루신 예수님은 다시 예수님의 소원을 마음에 품고 그 소원을 이룰 제자들을 선택하십니다. 참으로 중요한 시간입니다. 예수님은 제자들을 세우는데 있어 가장 중요한 것이 밤이 새도록 기도하시는 것이었습니다. 태초에 하나님과 함께 하셨던 예수님이시지만 그럼에도 제자들을 선택하시기 위하여 밤을 지새우며 기도하십니다. 말씀이 육신이 되신 예수님이시지만 성부 하나님의 임재 앞에 잠잠히 은혜를 간구하시는 예수님이십니다. 무엇이 부족하여서가 아닙니다. 무엇이 필요해서가 아닙니다. 예수님은 하나님이시기에 능력과 힘을 가지고 있고, 필요에 따라 이미 사용하셨습니다. 그러나 예수님께서 밤이 새도록 하나님의 임재 앞에 있었던 것은 주님이 그러셨던 것처럼, 심령이 가난한 제자들이 되도록, 심령이 주린 제자들이 되도록, 심령이 애통한 제자들이 되도록, 예수님을 위하여 세상으로부터의 받는 미움을 이겨낼 수 있는 제자들이 될 수 있도록 드리는 기도입니다. 제자들을 위하여, 그리고 우리를 위하여 밤이 새도록 기도하시는 예수님입니다.

:: 기도 나눔

하나님 아버지, 하나님의 소원이 예수님의 소원이었던 것처럼 저를 향한 하나님의 소원이 저의 소원이 되기를 간절히 기도합니다. 하나님의 소원을 이루셨던 예수님처럼 하나님의 소원을 이루기를 간절히 기도합니다. 오직 그리스도와 연합하여 제 영혼이 하나님의 임재 앞에서 하나님의 뜻을 알게 하시고 이루게 하옵소서.

≫ 뜻 나눔

능력이 예수께로부터 나와서 - 새로운 생명으로 태어나는 것은 예수님을 통하지 않고는 불가능하다.

16. 6:27~38

평화를 위하는 사랑

:: 말씀 나눔

네 가지의 지복과 그 대칭을 이루는 네 가지의 화 선언문을 말씀하신 예수님은 연이어 기독교적 사랑에 대한 교훈을 말씀하신다. 먼저는 보복하지 않는 사랑이다. 너희의 원수를 사랑하고, 너희를 미워하는 사람에게 잘 대해주고, 너희를 저주하는 사람들을 오히려 축복하고, 너희를 모욕하는 사람들을 위하여 기도하라. 너의 뺨을 치는 사람에게는 다른 쪽 뺨도 돌려대고, 너의 겉옷을 빼앗는 사람에게는 속옷도 거절하지 말라. 너에게 달라고 하는 사람에게 주고, 너의 것을 가져가는 사람에게서 다시 찾으려고 하지 말라. 너희는 남에게 대접을 받고자 하는 대로 남을 대접하라. 기독교적 사랑은 타인이 나에게 행동하는 것에 따라서 동일하게 행동하는 것이 아니라 선한 행동으로 대응해야 한다.

두 번째는 보상을 바라지 않는 사랑이다. 너희를 사랑하는 사람들만 사랑하는 것은 칭찬 받을 사랑이 아니다. 죄인들도 자기를 사랑하는 사람은 사랑한다. 너희에게 선을 베푸는 사람들에게만 좋게 대한다면 그것은 칭찬받을 일이 아니다. 죄인들도 그만한 일들은 한다. 무엇이든 받기를 바라고 남에게 꾸어주면 칭찬 받을 일이 아니다. 죄인들도 고스란히 받을 생각으로 죄인들에게 꾸어 준다. 다만 원수를 사랑하고 선대하며, 아무것도 바라지 말고 꾸어 줄 때 지극히 높으신 하나님의 아들이 된다. 하나님은 은혜를 알지 못하는 사람들과 악한 사람들에게도 인자하신 분이시다. 그러니 너희 아버지께서 자비하신 것 같이 너희도 자비로운 사람이 되어라.

세 번째로는 비판하지 않는 사랑이다. 다른 사람을 비판하지 말라. 그리하면 하나님도 너희를 비판하지 아니하실 것이다. 다른 사람을 정죄하지 말라. 그리하면 하나님께서도 너희를 정죄하지 아니하실 것이다. 다른 사람을 용서하라. 그리하면 하나님께서도 너희를 용서하실 것이다. 다른 사람에게 주라. 그리하면 하나님께서 너희에게 넘치고 넘치도록 후하게 주실 것이다. 너희가 다른 사람을 헤아리면 너희는 하나님으로부터 차고 넘치는 헤아림을 받게 될 것이다. 아무런 조건을 기대하지 않고 너그러움을 베풀면 하나님은 우리들이 감히 기대하지 못한 그 이상으로 되돌려 주실 것이다.

:: 묵상 나눔

주님이 말씀하신 기독교적인 사랑은 마땅히 생각할 그 이상의 것을 생각하지 않는 것입니다. 우리들이 취해야할 것은 내가 지금 하나님 앞에서 어떤 모습으로 서 있는지를 생각하는 것입니다. 우리들이 숨을 쉬며 살아가고 있는 것 자체가 하나님의 은혜가 아니면 불가능한데... 그것을 너무나 잘 아는데 마땅히 생각할 그 이상의 것들을 생각합니다. 그러니 원수를 사랑하는 것도, 나를 미워하고 저주하는 사람을 오히려 축복하는 것도 거의 불가능한 듯 느껴집니다. 이유 없이 뺨을 때리는데 다른 쪽 뺨을 돌려대야 하는 것도, 나의 겉옷을 빼앗아 가는 사람에게 속옷까지 건네주는 것도 우리에게는 너무나 버거운 주님의 명령입니다. 그럴 수밖에 없는 이유는 마땅히 생각할 그 이상의 것을 생각하고 있기 때문입니다. 예수님께서 우리들에게 요구하시는 사랑은 어쩌면 우리들의 피가 식어지는 그 순간까지도 이루어 드리지 못할 수도 있습니다. 우리의 입술이 굳어지고 손이 굳어가는 그 순간에도 여전히 판단하고 정죄할지도 모릅니다. 그러니 우리는 하나님의 은혜가 필요한 자들입니다.

:: 기도 나눔

하나님 아버지, 오늘은 하나님을 사랑했던 프란치스코의 기도를 간절한 마음으로 드립니다. 주님, 저를 당신의 도구로 써주소서. 미움이 있는 곳에 사랑을, 다툼이 있는 곳에 용서를, 분열이 있는 곳에 일치를, 의혹이 있는 곳에 신앙을, 그릇됨이 있는 곳에 진리를, 절망이 있는 곳에 희망을, 어두움에 빛을, 슬픔이 있는 곳에 기쁨을 가져오는 자 되게 하소서. 위로받기 보다는 위로하고, 이해받기 보다는 이해하며, 사랑받기보다는 사랑하게 하여 주소서. 우리는 줌으로써 받고, 용서함으로써 용서받으며, 자기를 버리고 죽음으로써 영생을 얻기 때문입니다. 오직 하나님의 영광을 위하여 드리는 간절한 기도입니다.

≫ 뜻 나눔

선대하라 - 너희는 좋게 행하라

17. 6:39~49

엘림의 영광이 있는 제자

:: 말씀 나눔

예수님은 연이어서 제자들에게 네 가지의 비유를 말씀하신다. 먼저 맹인이 맹인을 인도할 수 없다는 것, 두 번째 형제의 눈 속에 있는 티는 보면서 자기의 눈 속에 있는 들보는 깨닫지 못하는 것, 세 번째 좋은 나무는 좋은 열매를 맺으나 못된 나무는 못된 열매를 맺는 것, 마지막으로 주초를 반석 위에 놓은 사람과 주초 없이 흙 위에 집을 짓는 사람에 대한 비유다. 네 가지의 비유는 모두 인도하는 사람이 어떠해야 하는지 마음가짐이 강조된다. 예수님은 제자들에게 늘 바른 길을 안내하셨고, 옳은 방향을 제시하셨다. 예수님의 길은 모두에게 평안이었고, 예수님의 방향은 함께하는 사람들에게 늘 좋은 결과를 가져오게 했다. 예수님은 그 길과 방향을 이제 제자들에게 요구하신다.

맹인은 누군가의 도움이 없이는 새로운 방향을 설정하여 움직일 수 없다. 반드시 사방을 분간할 수 있는 도움의 손길이 있어야 가능하다. 어떤 사람이 좌우를 분간하여 바른길로 인도할 수 있을까. 선한목자는 따르는 양떼를 푸른 풀밭 쉴 만한 물가로 인도한다. 선한목자는 좌우를 분별하여 양들로 흐트러지지 않도록 하는 지혜로운 사람이다. 두 번째는 눈 속에 들보를 가지고 있는 사람이다. 눈은 마음의 등불이다. 눈 속에 들보가 있다는 것은 곧 마음이 구부러진 상태가 작지 않다는 것을 말한다. 마음이 구부러지면 보여지는 모든 것들이 선하게 해석될 수 없다. 누구나 티는 가지고 살아간다. 다만 정도의 차이가 있을 뿐인데 나에게도 티가 있다는 것을 아는 것, 이것이 예수님의 제자이기에 가져야 하는 마음이다.

좋은 나무가 좋은 열매를 맺는 것은 당연한 이치다. 좋은 나무는 결코 못된 열매를 맺지 않는다. 나쁜 나무에서 좋은 열매를 기대할 수 있을까. 그럴 수 없다. 나무가 온전하지 못하면 좋은 열매는 기대할 수 없다. 가시나무에서 무화과를 기대할 수 없으며, 찔레에서 포도를 기대할 수 없는 것처럼 악한 사람에게서 선한 모습을 기대할 수 없다. 못된 나무의 결과는 주초 없이 집을 지은 사람과 같다. 집은 세찬 비와 바람을 견디어야 한다. 비를 견디지 못하고 바람을 이겨내지 못하면 그곳은 집으로서 기능을 상실하게 된다. 하나님의 말씀을 듣고 행하지 않은 사람은 맹인이요, 눈에 들보를 가지고 있는 사람이요, 좋은 열매를 맺을 수 없는 사람이요, 주초 없이 집을 지은 사람이다.

:: 묵상 나눔

사막의 오아시스라 불리는 엘림이 있습니다. 이곳은 샘물 12개와 종려나무 70주가 있는 아주 비옥한 곳입니다. 엘림은 뜨거운 태양이 내리쬐는 광야, 목마름과 벗하여 걷고 있는 이스라엘 백성들의 갈증을 시원하게 해갈해 주었습니다. 걷고 또 걷는 낯선 시간 속에서 느끼는 모든 피로를 깨끗하게 씻어 주었습니다. 그리고 하나님께서 약속하신 가나안 땅을 향하여 다시 일어설 수 있는 힘과 용기를 주었습니다. 하나님은 곤고한 이스라엘 백성들의 발걸음을 엘림으로 향하게 하셨고, 하나님의 은혜를 마음 가득히 간직하도록 하셨습니다. 엘림을 준비하시는 하나님도 기쁨이시고, 엘림에서 쉼을 얻고 있는 이스라엘 백성들도 감사한 시간입니다. 하나님은 우리들의 심령에 엘림과 같은 넉넉한 샘물을 허락해 주셨고, 종려나무와 같이 생명을 이어가게 하는 힘을 주셨습니다. 하나님께서 허락하신 엘림은 맹인의 길에 희망을 줄 수 있고, 내 눈에 있는 들보를 빼도록 합니다. 하나님께서 준비하신 엘림은 좋은 열매를 맺도록 하며, 말씀을 듣고 행하는 삶이 되도록 합니다. 엘림의 힘을 소유한 우리는 광야와 같은 세상 속에서 살아가고 있는 수많은 지친 영혼들에게 쉼을 주어야합니다. 하나님께서 허락하신 엘림, 하나님의 영광을 위하여 우리들에게 허락해 주셨습니다.

:: 기도 나눔

하나님 아버지, 엘림이라는 장소를 통하여 목마름이 해결되고, 안식을 누릴 수 있었던 이스라엘 백성들의 시간을 생각해 봅니다. 그리고 기도하는 것은 여전히 힘든 오늘의 시간, 공간에 엘림의 영광이 가득함입니다. 그 은혜로 지친 영혼들에게 평화를 전하는 삶이 되고, 영광을 나타내는 삶이 되도록 도와주시옵소서.

≫ 뜻 나눔

듣고 행하는 자 - 주초를 반석 위에 놓은 사람으로 큰 물에 흔들리지 않는 자

18. 7:1-18

백부장의 믿음을 보시다

:: 말씀 나눔

예수님은 모든 말씀을 들려주시기를 마치고 가버나움으로 향하신다. 가버나움은 해변 길(Via Maris)이 지나는 교통의 요지로 예수님께서 갈릴리에서 행하신 사역의 중심(4:23, 31; 10:15)이 되는 지역이기도 하며, 많은 이적을 베푸셨으나 회개하지 않아(마 11:23) 책망을 받은 곳이기도 하다. 제자도에 대한 설교를 마치자마자 찾으신 곳은 가버나움이다. 이곳 가버나움에서는 예수님 사역의 퍼즐 한 조각이 어느 백부장을 통하여 채워지게 될 것이다. 백부장이라는 직함은 100명의 군사를 거느리는 지휘관을 말한다.

어느 백부장에게 사랑하는 종이 있는데 병이 들어 죽어가고 있다. 종의 회복을 간절히 바라는 백부장인데 예수님께서 가버나움에 오셨다는 소식을 듣는다. 예수님의 행보를 익히 들어 알고 있는 백부장은 간절한 마음으로 유대인의 장로 몇 사람을 보내어 종을 병마로부터 구해주시기를 구한다. 예수님을 만난 장로들은 다급하게 찾아온 사정을 말하며 백부장이 지금까지 행한 선한 일들까지 추가로 아뢴다. 예수님이 그들과 함께 가셨고, 백부장의 집이 멀지 않는 거리까지 이르셨다. 그 때 백부장이 벗들을 보내어 "내 집에 들어오심을 감당하지 못하겠나이다... 말씀만 하사 내 하인을 낫게 하소서… 내 아래에도 병사가 있으니 이더러 가라 하면 가고... 내 종더러 이것을 하라 하면 하나이다" 백부장이기에 자신의 지위를 예로들어 전하며, 동시에 예수님의 주되심을 놓여

드린다. 예수님은 이방인 백부장의 언행을 보시고 선민 이스라엘 중에서도 이만한 믿음을 만나보지 못하였다는 칭찬을 아끼지 아니하신다. 백부장의 믿음으로 그의 사랑하는 종은 병이 낫게 된다.

예수님께서 나인이라는 성으로 가실 때 제자와 많은 무리가 동행한다. 성문 가까이 이르렀을 때 사람들이 한 죽은 자를 메고 나오는데 그는 과부의 아들로 그 여인에게는 외아들이었다. 예수님은 아들을 잃어버림으로 모든 것을 잃어버린 것 같은 과부의 아픔을 보셨다. 홀로 남은 여인의 눈물을 외면하지 않으셨다. 청년의 시신이 있는 관으로 다가가셔서 "청년아 내가 네게 말하노니 일어나라" 명령하신다. 예수님의 명령은 사라진 생명이 다시 청년의 몸을 이끌도록 한다. 모든 소망이 다 사라져버린 듯 했던 어머니에게 죽었던 아들이 일어나 앉아 말을 건넨다. 하나님의 임재는 곤고한 한 과부의 마음에 희망의 불빛을 가득히 채워주신다. 모든 사람이 예수님의 신적 권위 앞에서 하나님의 영광을 찬양한다.

:: 묵상 나눔

백부장의 삶은 유대인 종교지도자들에게나 그의 벗들에게나 인정을 받는 삶입니다. 그는 종을 사랑하는 사람이었고, 죽어가는 종을 보며 어떻게든 살리고자 하였습니다. 백부장이라는 지위를 가지고 있었으나 그 힘을 누리는 것이 아니라 나누는 일상이었습니다. 그러니 백부장의 따뜻한 마음은 만나는 사람들을 행복하게 합니다. 힘을 실어주고 용기를 얻게 합니다. 그런 백부장이 죽어가고 있는 종을 치료하기 위하여 예수님의 능력을 간절히 구합니다. 그러나 예수님의 능력을 구하는 과정이 다른 이들과는 사뭇 다릅니다. 백부장은 예수님의 얼굴을 직접 뵈옵는 것도 자격이 없다고 말합니다. 예수님을 향한 백부장은 "내가 주께 나아가기도 감당하지 못할 줄을 알았나이다" 고백하는 사람입니다. 백부장에게 예수님은 말씀만으로도 죽어가는 사람을 낫게 하시는 분이었습니다. 인생의 살아있음과 죽음을 주관하시는 분이었습니다. 모든 생명이 주께 달려있다는 것을 확신하는 사람이었습니다. 백부장의 믿음은 예수님께서 오라하시면 오고 가라 하시면 가야하는 것이 당연한 것임을 고백하는 사람이었습니다. 예수님의 사랑이 백부장의 언어로 해석되어지고 있습니다.

:: 기도 나눔

은혜로우신 하나님 아버지, 예수님이 어떤 분이신지 정확하게 알았던 백부장, 삶에서 예수님의 뜻을 이루었던 백부장의 믿음을 알게 하시니 감사합니다. 백부장의 생각을 변화하도록 했던 예수님, 제 마음 전부를 변화하도록 도와주시옵소서. 예수님을 아는 것에 만족하지 않고 예수님을 기쁘시게 하는 삶이 되도록 도와주시옵소서.

≫ 뜻 나눔

감당치 못하겠다 - 예수님의 권세를 고백하는 믿음.

19, 7:19-35

실족하지 않는 삶

:: 말씀 나눔

헤롯은 세례요한으로부터 여러 번의 책망을 듣는다. 그럼에도 헤롯은 요한을 의롭고 거룩한 사람으로 알고 있었기 때문에 오히려 두려운 마음으로 그를 보호하였다. 그의 말을 들을 때마다 번민하면서도 달갑게 들었다. 이런 헤롯과는 다르게 그의 아내 헤로디아는 요한의 충고가 매우 거북하다. 요한의 죽음을 원하였던 헤로디아는 헤롯의 생일잔치에 딸 살로메로 하여금 요한의 머리를 요구하게 한다. 주님 앞에서 주님의 길을 예비하기 위하여 존재하였던 요한이다. 누구를 위해 존재하는지 분명하게 알고 있었기에 광야에서의 생활도, 부드럽지 않는 옷을 입는 것도, 메뚜기와 석청을 먹는 것도 요한의 삶에 아무런 영향을 주지 않았다. 그런데 그러한 세례 요한이 세상의 권력 앞에 무너져 감옥에 갇혀있다.

감옥에 갇혀있는 요한은 제자들을 통하여 예수님께서 행하시는 많은 이적들을 듣게 된다. 세상의 권력으로부터 유대 민족을 해방할 것이라 기대하였다. 그러나 예수님의 행보는 해방을 위한 그 어떤 움직임도 보이시지 않는다. 오히려 아무런 힘이 없는 이들과 함께 하시고, 하나님의 나라를 전하시고, 병든 자들을 고치시는 하루하루이다. 요한은 예수님의 정체성에 질문을 던진다. “오실 그이가 당신이오니이까 우리가 다른 이를 기다리오리이까” 요한은 제자들을 통하여 예수님께 질문을 함으로 그의 몸이 자유롭게 되기를 원하지만 예수님은 요한과 제자들이 원하는 답을 주지 않으신다. 오히려 "너희가 가서 보고 들은 것을 요한에게 알리되 맹인이 보며 못 걷는 사람이 걸으며 나병환자가 깨끗함을 받으며 귀먹은 사람이 들으며 죽은 자가 살아나며 가난한 자에게 복음이 전파된다 하라" 하시며 "누구든지 나로 말미암아 실족하지 않는 자는 복이 있도다" 말씀하신다.

요한의 세례를 받은 모든 백성과 세리들은 하나님의 옳으심을 나타낸다. 그러나 요한의 세례를 거부하고 있는 바리새인과 율법교사들은 그들을 향한 하나님의 뜻을 받아들이지 않는다. 예수님은 하나님의 뜻을 받아들이지 않는 사람들을 다음과 같이 비유하신다. 아이들이 장터에 앉아 서로 편을 갈라 말하기를 우리가 피리를 불어도 너희는 춤을 추지 않고, 우리가 곡을 하여도 너희는 울지도 않고, 세례요한이 먹지 않고 포도주도 마시지 아니하니 이는 세례요한이 귀신이 들려 하는 행동이라고 말하며, 요한과 다르게 예수님은 먹고 마시니 이는 먹기를 탐하고 포도주를 즐기는 사람으로 세리와 죄인의 친구라는 비방을 한다. 그러나 종교지도자들과는 다르게 하나님의 자녀들은 하나님께서 옳다는 것을 드러낸다.

:: 묵상 나눔

"오실 그이가 당신이오니이까 우리가 다른 이를 기다리오리이까" 예수님을 향한 요한의 질문입니다. 요한은 예수님의 시간보다 앞서 세상에 태어나 예수님의 길을 준비합니다. 누구도 자기가 걸어가야 하는 미래의 시간표를 정확하게 알지 못합니다. 그러나 세례요한은 그가 걸어가야 하는 삶의 방향을 알았고, 흔들림이 없이 그 길을 걸어갑니다. 수많은 사람들에게 하나님의 옳으심을 나타내도록 하였던 요한인데 예수님의 정체성에 관하여 질문을 던집니다. 요한이 생각하였던 예수님은 세상에 놀라운 변화를 가지고 올 것이라 기대했습니다. 그런데 예수님은 요한이 감옥에 갇혀 있음에도 여전히 그 어떤 행동도 취하지 않으십니다. 여전히 가난한 자들을 찾으시고, 보지 못하는 이들을 고치시고, 나병환자를 깨끗하게 하시며, 듣지 못하는 자들을 듣게 하실 뿐입니다. 어떤 기대도 바랄 수 없고, 어떤 보상도 받을 수 없는 연약한 자들만 찾으시는 예수님의 행보를 이해할 수 없는 것입니다. 자기의 길을 정확하게 알았던 세례요한도, 성령 충만으로 태중의 예수님을 반기었던 세례요한도 긴 어둠의 시간에서 그 마음이 흔들리고 있습니다.

:: 기도 나눔

하나님 아버지, 하나님의 뜻을 알았던 세례요한도 그가 기대했던 예수님의 길이 있었음을 보게 됩니다. 그의 뜻대로 예수님께서 새로운 시대를 열어주시지 않으니 그의 마음이 흔들리는 것을 보게 됩니다. 늘 깨어 기도함으로 하나님의 방법을 마음대로 판단하지 않게 하시고, 주어진 상황 속에서 하나님의 뜻을 분별하도록 도와주시옵소서.

20. 7:36-50

예수님께 향유를 부은 여인

:: 말씀 나눔

시몬이라 불리는 한 바리새인이 예수님을 자기의 집으로 초대한다. 초대에 응한 예수님은 바리새인의 집에 들어가 당시 문화와 관습에 따라 앉으셨다. 그때 그 동네에 죄를 지은 한 여인이 따라 들어와 예수님의 등 뒤로 가서 그 발 곁에 서서 울며 눈물로 예수님의 발을 적신다. 그리고 자기의 머리털로 예수님의 발을 닦고 입 맞추며 향유를 붓는다. 예수님은 죄를 지은 여인의 행동에 어떤 거절도 하지 않으신다. 바리새인들은 율법을 생명처럼 생각하고, 그 율법을 지키며 살아간다. 그들은 율법을 지키는 것이 곧 거룩한 삶이고 의인이다. 율법을 지키지 않는 사람들은 죄인이며, 그런 죄인들과는 무엇이라도 공유할 수 없다. 지금 예수님의 발에 향유를 붓는 여인도 바리새인들에게는 죄인이다. 바리새인들이 살아가고 있는 그들 나름의 거룩한 모습과는 비교할 수 없는 육신을 따라 살아가고 있는 여인이다.

바리새인은 죄인 된 여인의 행동에 잠잠하신 예수님을 보며 내심 진정한 선지자가 아니라는 것을 확신했다. 예수님이 선지자라면 향유를 붓는 여인이 죄인이라는 것을 아셔야하고, 나아가 죄인 된 여인과 가까이 하는 일은 없어야 한다. 예수님은 이런 바리새인 시몬의 마음을 이미 읽으셨다. 예수님은 시몬에게 눈을 돌리시고 물으신다. 어떤 사람에게 빚을 진 두 사람이 있는데 한 사람은 오백 데나리온의 빚을 졌고, 다른 한 사람은 오십 데나리온의 빚을 졌다.

그런데 두 사람 모두 빚 갚을 능력이 전혀 없는 가난한 사람들이다. 이에 돈을 빌려준 사람이 긍휼히 여겨 두 명 모두의 빚을 탕감하여 주었다. 그러면 두 명 중에 누가 더 빚을 탕감해준 사람을 사랑하겠느냐.

예수님의 질문에 시몬은 빚을 많이 탕감 받은 자라고 답한다. 그때 주님은 네 말이 옳다 하시며 여인을 보시고 시몬과 비교하여 여인의 행동을 칭찬하신다. 예수님이 들어오실 때 시몬은 주님의 발을 씻어 줄 물도 주지 않았으나 여인은 눈물로 예수님의 발을 적시고 그 머리털로 닦아주었다. 시몬은 예수님께 입맞추지 않았으나 여인은 예수님의 발에 입맞추기를 그치지 않았다. 시몬은 예수님의 머리에 감람유도 붓지 아니하였으나 여인은 향유를 주님의 발에 부어주었다. 여인은 예수님이 누구신지를 알았다. 예수님이라는 거룩하신 존재 앞에서 자신이 얼마나 죄인인지를 알고 있었다.

:: 묵상 나눔

예수님은 시몬에게 두 명의 빚진 자를 비유하여 말씀하십니다. 한 명은 오백 데나리온의 빚을 졌고, 다른 한 명은 오십 데나리온의 빚을 지고 있습니다. 예수님의 비유에서 우리는 빚을 진 사람이 어느 특정인에게만 속하는 것이 아닌 것을 알 수 있습니다. 거룩하신 하나님 앞에서 살아가는 모든 생명이 빚을 지고 살아갑니다. 단지 빚의 무게가 다를 뿐입니다. 우리 모두가 가지고 있는 빚의 무게는 우리의 정체성을 정확히 알게 합니다. 하나님의 은혜가 아니면 그의 자비를 누릴 수 없으며, 노하기를 더디하시는 은총을 입을 수 없으며, 인애가 얼마나 크신지를 알 수 없습니다. 갚을 수 없는 빚을 가지고 있기 때문에 거룩한 자라 불릴 수 없으며, 죄인이기에 결코 선한 일을 할 수 없습니다. 거룩하신 하나님 앞에서 무엇도 할 수 없는 자이고, 어떤 의미 있는 것을 품을 수 없습니다. 하나님의 은혜가 아니면 우리는 그저 무익한 인생일 뿐입니다. 여인은 하나님의 은혜를 알았고, 빚을 갚아주시는 분의 은혜를 알았습니다. 예수님 앞에서 여인은 죄의 무게만큼 눈물을 쏟아냅니다. 거룩하신 예수님 앞에서 오직 그 은혜만을 바라고 있습니다.

:: 기도 나눔

하나님 아버지, 저항할 수 없는 하나님의 은혜를 부어주셔서 감사합니다. 그 은혜 안에서 갚을 수 없는 빚을 지며 살아가고 있는 모습을 보게 하시니 감사합니다. 살아가는 모든 순간에 그 은혜가 있게 하시어 주님의 발에 눈물을 흘린 여인처럼 매일매일 그 놀라운 은혜 앞에 무릎을 꿇게 하옵소서. 어떤 상황에서도 흔들리지 않게 하옵소서.

≫ 뜻 나눔

발에 입을 맞추는 행위는 상대방에 대한 최고의 존경을 표현하는 것이다.

21, 8:1-18

예수님의 비유

:: 말씀 나눔

각 동네 사람들이 예수님께 나아와 큰 무리를 이룬다. 예수님은 말씀을 사모하여 듣고자 하는 무리에게 씨 뿌리는 비유를 통하여 하나님 나라의 비밀을 말씀하신다. 씨를 뿌리는 농부가 있다. 농부가 귀한 씨앗을 뿌리는데 더러는 길가에 떨어져 사람들에게 밟히며 공중의 새들에게 먹이가 되고 만다. 더러는 바위 위에 떨어진다. 그러나 그 위에 떨어진 씨앗은 싹은 났으나 뿌리를 내릴 수 없고 습기가 없어 말라버리고 만다. 더러는 가시 떨기 속에 떨어지지만 가시의 기운에 막혀 자라지 못하고 그만 죽고 만다. 마지막으로 좋은 땅에 떨어진 씨앗은 죽지 않고 백배의 결실을 맺게 된다.

제자들은 예수님께서 말씀하신 비유의 뜻을 묻는다. 예수님은 하나님 나라의 비밀을 아는 것이 허락 된 제자들에게 설명을 해 주신다. 비유에서 씨는 하나님의 말씀이다. 하나님의 말씀인 씨앗이 뿌려졌을 때 길가와 같은 심령은 마귀의 유혹을 이겨내지 못하여 말씀을 빼앗겨 버린다. 하나님의 말씀인 씨앗이 뿌려졌을 때 바위와 같은 심령은 말씀을 기쁨으로 받으나 뿌리가 없어 시련 앞에서 넘어지고 만다. 가시떨기와 같은 심령에 뿌려진 하나님의 말씀은 살아가면서 만나는 염려와 세상의 행복이 주는 기운에 막혀 온전한 결실을 맺지 못한다. 그러나 좋은 땅과 같은 심령은 하나님의 말씀을 그대로 받아들여 그 말씀을 지키고 인내함으로 백배의 결실을 맺게 된다.

씨 뿌리는 비유를 마치시고 계속하여 등불을 비유하여 말씀하신다. 등불이 필요한 장소는 어두움이 가득한 곳이다. 어둠이 가득하여 아무것도 드러나지 않으니 등불을 켜서 감추어진 모든 것이 드러나도록 하기 위한 것이다. 예수님은 등불을 켜서 그 등불을 평상 아래에 두는 자와 등경 위에 두는 자를 말씀하신다. 등불을 켜서 평상 아래에 두면 그 빛은 감추어진 것을 모두 드러나게 하지 못한다. 등불을 켠 의미가 전혀 없다. 그러나 등불을 켜서 등경 위에 두면 그 빛은 감추어진 것을 모두 드러나게 한다. 예수님은 등불을 켜서 등경 위에 두는 자들은 있는 것을 받겠지만 등불을 켜서 평상 아래에 두는 자들은 있는 줄로 알았던 것까지도 빼앗기게 될 것이라고 말씀하신다.

:: 묵상 나눔

예수님께서 전하시는 말씀은 수많은 무리들에게 영향을 주는 힘이 있습니다. 그 힘은 오늘도 각 동네에서 흩어져 살아가고 있는 사람들에게 갈급한 심령이 되도록 하였고, 예수님께서 말씀을 전하시는 곳으로 그들의 발걸음이 옮겨지도록 합니다. 예수님은 찾아온 무리들에게 일상에서 흔하게 접할 수 있는 씨를 뿌리는 비유와 등불을 켜는 이유에 대하여 말씀하십니다. 먼저 씨를 뿌리는 비유를 나눕니다. 예수님은 씨를 하나님의 말씀으로 비유하셨습니다. 하나님의 말씀인 씨앗이 서로 다른 자리에 뿌려졌으나 결과는 모두 동일하지 않습니다. 씨앗으로서 그 역할을 다할 수 있도록 하는 것은 좋은 땅뿐입니다. 하나님의 말씀이 품고 있는 은혜와 능력이 세상에 전하여질 때 그 은혜와 능력을 소유할 수 있는 사람은 좋은 마음을 가지고 있는 사람입니다. 등불을 켜는 이유는 무엇입니까. 등불에서 흘러나오는 불빛으로 가야할 방향을 잃어버리지 않도록 하기 위함이고, 숨겨둔 것이 드러나고, 감추어 둔 것이 환히 알려지도록 하기 위해서입니다. 그런데 등불을 켜서 등경 위에 두지 않고 평상 아래에 두게 되면 등불로서의 기능을 다하지 못하게 됩니다. 이는 하나님의 말씀이 뿌려졌으나 마음의 상태로 결실을 얻지 못한 것과 같습니다. 하나님의 말씀을 흘려버리지 않고 좋은 열매를 맺게 하는 삶은 말씀을 어떻게 듣고 있는가와 연결이 됩니다.

:: 기도 나눔

하나님 아버지, 하나님의 말씀을 들을 수 있도록 은혜를 주셔서 감사합니다. 좋은 마음으로 말씀을 듣고 그 말씀을 인내로 지키어 결실을 맺을 수 있기를 소망합니다. 하나님께서 도우시어, 말씀을 잘 듣게 하시옵소서. 있는 것까지도 빼앗기는 삶이 아니라 있음에도 더 받을 수 있는 복된 삶이 되게 하옵소서.

≫ 뜻 나눔

배반 - 하나님으로부터 떨어져 나가는 것

22. 8:19-39

잔잔한 바다와 귀신들린 사람

:: 말씀 나눔

예수님께서 제자들과 함께 호수 건너편으로 가시기 위해 배에 오르신다. 물결이 아주 잔잔하다. 예수님은 배에서 잠이 드셨는데 갑자기 호수에 광풍이 내리치매 배에 물이 가득하게 된다. 순식간에 일어나는 자연현상 앞에서 제자들은 속수무책으로 그저 당황해 한다. 너무나 두려운 제자들은 잠이 드신 예수님을 깨워 우리가 지금 죽게 되었다며 그들의 다급한 마음을 아뢴다. 잠에서 깨어나신 예수님은 제자들이 부탁한대로 바람과 물결을 꾸짖어 잔잔하게 하신다. 다시 잔잔해진 호수 위에서 예수님은 믿음 없는 제자들을 나무라신다. 지금까지 제자들은 예수님께서 하신 기적들을 수 없이 목격하였다. 그러나 두려운 마음은 여전히 그들의 발목을 잡고 있다. 앞으로 한걸음 더 나갈 수 없도록 만드는 연약한 모습이다. 그럼에도 예수님은 아무런 말씀이 없이 바람과 물결을 꾸짖어 잠잠하게 하신다.

자연을 다스리시는 예수님은 갈릴리 맞은편 거라사인의 땅에 이르신다. 예수님께서 육지에 내리자마자 그 도시 사람으로 귀신 들린 자를 만나셨다. 그 사람은 오랫동안 옷을 입지 않고 집을 떠나 무덤 사이에서 살아가고 있다. 귀신 들린 자는 예수님을 보자마자 그 앞에 엎드려 “지극히 높으신 하나님의 아들 예수여 당신이 나와 무슨 상관이 있나이까 당신께 구하노니 나를 괴롭게 하지 마옵소서”라며 부르짖는다. 예수님은 귀신들려 사나운 그에게 네 이름이 무엇이냐 묻는다. 그는 예수님의 질문에 '군대'라 말하며 지옥으로 들어가지 않게 해달라고 간구한다. 마침 그 곳에 많은 돼지 떼가 산에서 양식을 먹고 있는 것을 본 귀신들은 그 돼지 떼에 들어가기를 부탁하니 예수님께서 허락하신다.

예수님께서 허락하실 때 돼지 떼에 귀신이 들어가고 귀신들렸던 사람은 정신이 온전하여 졌다. 사람의 마음을 어지럽게 했던 더러운 귀신은 이제 돼지 떼를 어지럽혀 내리달아 호수에 들어가 몰사 하게 한다. 거라사인들은 일어난 일을 보고 예수님을 몹시 두려워한다. 거라사인의 땅 근방 모든 백성들은 너무 두려워하여 예수님께 그곳을 떠나시기를 부탁한다. 예수님은 다시 배에 오르시고 귀신 나간 사람은 자기에게 일어난 큰일을 온 성내에 전파한다. 예수님은 귀신 들린 한 영혼을 사랑하셨으며 그를 통하여 복음이 전파되어지도록 하셨다.

:: 묵상 나눔

호수 저편에서의 사역을 원하시는 예수님은 제자들과 함께 배에 오르십니다. 예수님께서 평화롭게 잠이 드실 수 있을 정도로 호수는 잔잔합니다. 그런데 잔잔하던 호수에 광풍이 내리치기 시작합니다. 그들이 타고 있던 배에 물이 가득할 정도로 위태한 상황이 됩니다. 제자들은 두려운 마음이 들어 "주여 주여 우리가 죽게 되었나이다" 외치며 예수님이 일어나시도록 합니다. 제자들의 소리에 일어나신 예수님은 바로 바람과 물결을 꾸짖으십니다. 배가 위태하도록 사나웠던 광풍은 바로 그쳤고, 제자들을 두렵게 했던 바람과 물결은 곧 잔잔해집니다. 꾸짖었다는 것은 바람과 물결도 예수님의 명령에 따르고 있다는 것을 알 수 있습니다. 하나님의 명령으로 창조되어졌고, 그때 함께 하셨던 예수님은 곧 바람과 물결을 다스리고 있다는 것을 알 수 있습니다. 바람과 물결을 다스리시는 예수님은 우리들의 삶도 다스리십니다. 좀 더 나은 방법으로, 좀 더 선한 방향에 따라 우리들을 다스려주십니다. 우리들이 만나는 현실에서 때로는 아픔을 참지 못하여 불평하며 돌아서지만 예수님은 그런 우리들에게 사랑의 마음으로 다스려주십니다. 하나님의 뜻을 위해 무조건적인 강요를 요구하시는 것이 아니요, 노하기를 더디 하시며 평안으로 다스려 주십니다. 우리의 믿음이 더욱 견고해지고, 신실한 하나님의 자녀가 되기까지 참으시며 다스려주십니다.

:: 기도 나눔

하나님 아버지, 늘 부족하여 넘어지는 모습이지만 여전히 하나님의 자녀로 살아가게 하시니 감사합니다. 오늘도 외면하지 않으신 이유는 우리들의 마음과 생각이 성숙되기를 기대하시며, 참아주시는 은혜입니다. 인격적으로 다가오시고 대하여 주시는 예수님처럼 우리들도 하나님의 영광을 위하여 거룩한 한 걸음을 걸을 수 있도록 도와주시옵소서.

≫ 뜻 나눔

군대 - 약 4,000에서 6,000명 정도로 구성

23. 8:40-56

예수님 옷에 손을 댄 혈루증 여인

:: 말씀 나눔

예수님과 함께 하는 시간들이 너무나 행복한 무리들은 그들에게 찾아온 예수님을 환영하며 기뻐한다. 기다림이 있는 곳이기에 서로 기쁨을 나누고 있을 때 회당장 야이로가 예수님의 발 앞에 엎드린다. 지금 회당장의 열두 살 된 외딸이 죽어가고 있기 때문에 자기 집에 오셔서 딸을 낫게 해주시기를 바라는 마음으로 찾아 온 것이다. 예수님은 회당장의 딸을 치유하기 위하여 그의 집을 향하여 가신다. 예수님께서 가시는 길에 무리들이 밀려옴으로 인산인해를 이루고 있다. 이러한 상황 속에 수많은 무리를 비집고 들어오는 여인이 있다. 이 여인은 열두 해를 혈루증으로 고생하고 있으나 어느 곳에서도 치료가 되지 않아 고통가운데 살아가고 있는 여인이다. 너무나 긴 어둠의 터널을 통과하지 못하고 있는 여인이다.

서로가 밀리는 것 같고 당기는 것처럼 느껴지는 무리 속에서 혈루증을 앓고 있는 여인은 예수님의 옷 가에 손을 댄다. 예수님의 옷 가에 손을 대자마자 주의 능력이 혈루증 여인의 몸속으로 흘러 들어간다. 예수님은 이미 여인의 병세를 알고 있었음에도 누가 내게 손을 대었느냐 물으신다. 여인은 열두 해 동안이나 힘들게 했던 병이 나은 것을 느끼고 있었기에 두렵고 떨리는 마음으로 예수님 앞에 선다. 작은 마음이 되어버린 여인은 예수님의 옷자락에 손을 댄 이유와 손을 대자마자 깨끗이 나은 것을 모든 사람 앞에서 말한다. 여인의 용기와 믿음을 보신 예수님은 여전히 인자하신 모습으로 "딸아 평안히 가라" 말씀을 하신다.

예수님께서 여인에게 축복의 말씀을 하실 때에 회당장의 딸이 죽었다는 소식을 듣게 된다. 어느 누구도 아무런 말을 할 수 없다. 모두가 슬픔에 쌓여있을 때에 예수님은 “두려워하지 말고 믿기만 하라 그리하면 딸이 구원을 얻으리라”는 희망의 말씀을 전하신다. 아이의 죽음으로 모든 사람이 울며 통곡할 때에 예수님은 아이가 자고 있으니 울지 말라고 다시 말씀하신다. 그리고 예수님은 아이의 손을 잡으시고 불러 이르시되 "아이야 일어나라" 하시니 아이의 몸을 떠났던 영이 돌아와 곧 일어나게 된다. 예수님은 부모에게 먹을 것을 주라하시며 아무에게도 말하지 말라는 당부를 하신다. 아이는 열 두해를 행복한 시간 속에서 보내왔다. 그러나 열두 해를 혈루증으로 고생하였던 여인은 눈물의 시간이었다. 서로 다른 상황 속에서 살아갔던 그들이지만 예수님의 사랑 안에서 회복이 되는 기쁨은 동일한 마음이다.

:: 묵상 나눔

우리들은 믿음으로 하루하루를 살아갑니다. 그러나 때로는 그 믿음이 더욱 요구되어질 때가 있습니다. 본문에 나오는 열두 해를 혈루증으로 고생하던 여인은 더 이상 희망을 기대할 수 없는 고통 가운데서 살아가고 있었습니다. 감기가 걸려 기침을 조금만 해도 얼마나 많은 에너지가 소모되는지 모릅니다. 목이 아프고 머리가 아프면 그 고통 때문에 집중하기가 매우 어려운데 혈루증 여인은 열두 해를 병으로 살아왔습니다. 아무런 희망을 기대할 수 없는 시간이 계속되고 있습니다. 그런 여인에게 예수님의 은혜가 찾아옵니다. 여인은 다시 일어나 어느 누구도 해결해 줄 수 없는 막막한 상황을 이겨낼 희망을 예수님에게 두었습니다. 희망을 오직 예수님께

두었을 때 여인은 혈루증이 멎게 되었고 새로운 은혜가 펼쳐지게 되었습니다. 예수님의 옷자락을 만지기까지 여인은 모든 부끄러움을 참아내야 했습니다. 예수님의 능력을 온몸으로 느끼기까지 비참한 마음을 이겨내야 했습니다. 여인은 낫고자 하는 간절함으로 그 모든 어려움을 견디어냈습니다. 우리들에게도 흔들리는 현실을 만나야 할 때가 있습니다. 절망 속에서의 절망을 느낄 때가 있습니다. 그럴 때마다 성령님은 살아계시는 하나님의 은혜와 예수 그리스도의 부활을 기억하도록 하실 것입니다.

:: 기도 나눔

하나님 아버지, 고통 속에서 더 큰 고통을 느낄 때가 있습니다. 괴로움 속에서 더 큰 괴로움을 만날 때가 있습니다. 아무런 희망도 찾을 수 없고, 기대할 수도 없는 어려움을 만날 때 예수님을 잊지 않게 해 주시옵소서. 나로 나의 높은 곳을 향하여 나아갈 수 있도록 도우시는 성령님이 계심을 잊지 않고 늘 기억할 수 있는 지혜를 주시옵소서.

≫ 뜻 나눔

회당장 - 예배 의식을 준비하는데 필요한 전반적인 일들을 주된 임무로 한다.

24, 9:1-9, 57-62

보내심을 받은 열두 제자

:: 말씀 나눔

예수님은 열 두 제자를 부르시고 그들에게 말씀과 여러 가지 이적들을 보여주시며 살아계신 하나님의 능력을 경험하게 하셨다. 예수님께서 하시는 일들을 가장 가까이서 보아왔고, 경험하였던 제자들이 이제는 세상을 위하여 움직일 때가 되었다. 예수님은 열 두 제자들을 부르시고 그들에게 하나님의 능력과 권능을 부어 주신다. 제자들이 만나야하는 세상은 그리 만만하지 않기 때문이다. 그럼에도 예수님은 선교여행을 위하여 지팡이나 배낭이나 양식이나 돈이나 두벌 옷을 가지고 가서는 안 된다고 말씀하신다. 오직 하나님만 의지하여 걸어가야 하고 오직 성령님의 인도하심만 바라며 그들에게 맡기신 사역을 감당하여야 한다. 예수님의 행보를 따라 함께했던 제자들은 이제 하나님께로부터 오는 능력과 권세로 동네를 두루 다니며 복음을 전하고 병을 고치기 시작한다.

주님의 파송을 받은 제자들이 행하는 능력을 분봉 왕 헤롯이 듣게 된다. 헤롯은 어떤 사람들의 이러한 보고를 듣고 심히 당황해 한다. 이전에 헤롯은 동생 빌립의 아내였던 헤로디아를 자기의 아내로 취하게 되는데 그렇게 되기까지의 과정이 결코 올바르지 않았다. 이에 세례요한은 헤롯에게 "동생의 아내를 취한 것이 옳지 않다"는 메시지를 보낸다. 요한의 이러한 행동에 헤로디아는 그를 원수로 생각하였고, 죽이고자 하였다. 헤롯은 헤로디아의 이러한 생각을 들을 때에 의롭고 경건한 사람이라고 생각하였던 요한을 죽이는 것이 두려웠으나 한편으로는 마음에 원하는 바이다. 드디어 헤로디아의 뜻이 이루어질 수 있는 상황이 찾아온다. 헤롯은 자기의 생일 날 귀인들을 초대하여 잔치를 베푸는데, 그때 딸 살로메가 춤을 추어 그곳에 있는 모든 사람들을 매우 즐겁게 한다. 헤롯은 너무 기쁜 나머지 살로메의 소원을 들어주기로 약속하는데, 그때 살로메는 어머니의 바람대로 요한의 목을 구한다. 헤롯은 매우 근심하였으나 거절할 수 없었기에 요한의 목을 베어 살로메에게 준다.

헤롯에 의해 그런 죽임을 당하였던 요한이 다시 살아났다는 소리를 들은 헤롯은 몹시 놀라고 있다. 어떤 사람은 세례요한 뿐만이 아니라 엘리야가 나타났다고도 하며, 어떤 사람은 옛 선지자 한 사람이 나타났다고도 한다. 어찌 되었든 헤롯은 하나님의 능력이 나타나고 있는 상황 속에서 자신이 지난날 행하였던 일로 몹시 당황해하며 근심한다.

:: 묵상 나눔

예수님은 열두 제자를 부르시고 모든 귀신을 제어하며 병을 고치는 능력과 권위를 주십니다. 하나님의 나라를 전파하는 지혜와 앓는 자를 고치게 하는 능력을 나타내도록 하십니다. 예수님은 "아버지께서 나를 보내신 것 같이 나도 그들을 세상에 보내었고"라는 기도를 하십니다. 하나님께서 예수님을 세상에 보내신 것처럼 예수님은 제자들을 세상 속으로 보내십니다. 하나님께로부터 놀라운 능력을 입으셨던 것처럼 제자들에게도 하나님의 나라를 전하는데 필요한 모든 능력을 입게 하십니다. 예수님은 세상 속에서 살아가고 있는 제자들을 부르시고, 제자들과 함께 호흡하고, 함께 고민하고, 함께 하나님의 역사를 이루어 가십니다. 지금까지는 세상 안에서 답을 찾았고, 무한의 세계보다는 유한의 세계에 익숙한 사람들을 부르시어 세상 밖에서 답을 찾게 하시고, 무한의 세계를 위한 삶을 살아가는 제자들이 되도록 하십니다. 서로 다른 방법으로 열두 명의 제자를 부르시어 죽은 자를 살리시는 그 자리에 있게 하십니다. 바람과 물결을 꾸짖는 광경을 보게 하십니다. 병든 자를 고치시는 능력의 현장에, 하나님의 나라에 대하여 말씀하시는 공간 안에 제자들이 있도록 하십니다. 세상 속으로 보내어지게 될 제자들에게 세상 밖 하나님의 능력을 부어 주셨습니다.

:: 기도 나눔

하나님 아버지, 죄악 된 세상에 예수님을 보내주시고, 복음의 능력이 오고 오는 모든 세대에 중심이 되게 하시니 감사합니다. 세상으로 보내신 제자들에게 하나님의 능력과 권능으로 함께 하신 것처럼 오늘을 살아가는 저희들에게도 하나님의 능력으로 채워주시옵소서. 매일의 시간이 하나님의 은혜 안에서 능력이 되게 하옵소서.

≫ 뜻 나눔

죽은 자들 - 영적으로 죽은 자들

25, 9:10-17

오병이어로 오천 명을 먹이시다

:: 말씀 나눔

예수님의 파송을 받고 떠났던 열두 사도가 기쁨으로 돌아온다. 하나님의 능력은 제자들이 복음을 전하는 내내 함께 하였기에 예수님처럼 복음을 전하며 병을 고치는 권세를 행할 수 있었다. 사도들은 복음을 전하면서 일어났던 많은 능력을 예수님께 보고한다. 그러나 예수님은 사도들이 보고하기 이전부터 이미 그들을 통하여 나타나고 있는 하나님의 영광을 보고 계셨다. 사도들의 보고를 들은 예수님은 그들과 함께 벳새다라는 고을로 떠나신다. 그곳에는 하나님 나라의 일을 들어야하고 고침을 받아야 할 무리들이 예수님을 기다리고 있다.

예수님은 열두 사도들과 갈릴리 바다의 북동쪽 요단강 건너편에 있는 벳새다에 도착하셨다. 예수님의 소식을 들은 많은 무리들에게 하나님의 말씀을 전하시며 병을 고쳐주셨다. 시간이 가는 줄 모르고 하나님의 말씀을 듣고 있는데 어느새 날이 저물어 가고 있다. 사도들은 먹을 것을 가지고 있지 않았기에 무리들에게 먹을 것을 어떻게 해야 할지 예수님께 물었다. 사람들의 배고픔을 염려하는 사도들에게 예수님은 "너희가 먹을 것을 주라" 말씀하신다. 그러나 그곳에 모인 무리는 성인 남자의 수만 오천 명이었다. 수에 들어가지 않은 여인들과 아이들을 생각한다면 보통의 양으로는 도저히 감당할 수 없는 상황이다. 그런데 그들은 떡 다섯 개와 물고기 두 마리밖에 없다. 그들이 가지고 있는 양으로 그곳에 있는 무리를 다 먹이기에는 턱없이 부족한 현실이다. 이성적으로 판단한다면 도저히 불가능한 일이기 때문에 열두 사도는 근심이 가득하다. 그러나 예수님은 떡 다섯 개와 물고기 두 마리로 충분히 그곳에 모인 모든 사람들이 배부르게 먹을 수 있도록 능력을 나타내실 계획이다.

예수님의 명령을 따라 사도들은 사람들을 오십 명씩 앉게 하였다. 그리고 예수님은 떡 다섯 개와 물고기 두 마리를 가지고 하늘을 향하여 축사하신 후에 음식을 떼어 주기 시작하셨다. 평범한 떡이지만 이미 하나님의 능력이 되어있는 음식을 제자들은 사람들에게 나누어 주기 시작하였다. 그곳에 모인 무리들의 수를 다 헤아릴 수 없는 풍경이지만 빈들에서 행하여지고 있는 나눔은 모두에게 더할 나위 없는 기쁨으로 가득하다. 물고기 두 마리와 떡 다섯 개는 모든 사람이 배불리 먹도록 했고 남은 음식을 보니 열 두 바구니다.

:: 묵상 나눔

예수님께서 보내신 열두 제자들이 선교여행을 마치고 돌아옵니다. 저마다 선교여행 중에 나타났던 능력들을 예수님께 보고합니다. 제자들 개인에게는 결코 잊을 수 없는 사건들로 채워갔던 소중한 시간입니다. 예수님은 선교여행을 마치고 돌아온 제자들을 데리시고 벳새다 빈들로 가셨습니다. 예수님의 조용한 움직임 이였으나 많은 무리는 예수님의 동선에 발을 맞추고 있습니다. 하나님의 나라에 대한 이야기가 전해지고, 병 고칠 자들을 고치시는 예수님이십니다. 듣는 무리들은 시간이 가는 줄 모르고 있고, 예수님은 말씀과 고치시는 일에 집중하십니다. 그러는 가운데 시간은 흘러 저녁을 먹을 시간이 되었습니다. 예수님은 선교여행을 다녀온 제자들에게 빈들에서 새로운 미션을 주십니다. 예수님의 말씀을 듣고 있는 수많은 무리에게 저녁을 제공하는 것입니다. 수많은 능력을 경험하고 돌아온 제자들이지만 그들의 생각은 어느새 현실적인 계산이 되어 먹을 것을 사지 않고는 도저히 불가능한 일인 것을 강조합니다. 선교여행 중 불가능한 일들을 가능하도록 하시는 예수님의 능력을 경험하였으나 새로운 문제 앞에서는 지극히 인간적인 생각입니다. 하나님의 능력이 나의 능력이 되지 못하는 것, 하나님의 은혜가 나의 모든 상황을 주장하지 못하는 것은 여전히 오늘을 살아가면서 만나는 우리들의 모습입니다.

:: 기도 나눔

은혜를 주시는 하나님 아버지, 빈들에서 먹을 것을 찾는 무리들에게 주신 능력을 마음에 새기게 하시니 감사합니다. 불가능한 일들, 희망이 보여 지지 않는 상황들은 늘 우리들의 마음을 곤고하게 합니다. 성령님, 그럴 때마다 새로운 은혜를 주시어 위로부터 주어지는 지혜를 구하게 하시고, 그 놀라운 은혜로 이겨낼 수 있도록 도와주시옵소서.

≫ 뜻 나눔

빈 들 - 마을과 떨어진 한적한 곳으로 벌판 또는 외딴 곳을 말한다.

26. 9:18-27

베드로의 고백

:: 말씀 나눔

세례 요한과 엘리야 그리고 옛 선지자들은 이스라엘 백성들에게 강한 존재감을 주었다. 그 강도가 어느 정도인가 하면 예수님의 열두 제자들이 선교여행 때 나타낸 하나님의 능력을 보고 어떤 사람은 세례요한이라 하고, 어떤 사람은 엘리야, 어떤 사람은 옛 선지자 중 한 사람이 다시 살아났다고 말을 한다. 그런데 본문에서도 예수님께서 제자들에게 나를 누구라 하느냐 물으실 때에 동일하게 제자들은 세례 요한, 더러는 엘리야, 더러는 옛 선지자 중의 한 사람이라 한다고 전한다. 예수님을 통하여 수많은 이적들을 경험하였으나 아직까지도 무리들의 마음속에 하나님의 아들, 그리스도는 자리하지 않는다. 예수님은 그들과는 다른 평범하지 않은 분이지만 그저 유명한 사람 중에 한 사람일 뿐이다.

예수님에 대한 세상의 소리를 물으신 이후에 제자들에게 동일한 질문을 하신다. "너희는 나를 누구라 하느냐"? 예수님의 질문에 베드로는 "하나님의 그리스도시니이다" 즉 "하나님이 보내신 그리스도이십니다"는 고백을 한다. '그리스도'는 히브리어로 '메시아'이다. '메시아'는 하나님의 "약속 된 그 종"이다. 하나님께서 백성들을 위하여 이미 약속하셨던 '종'으로 하나님의 뜻을 완전하게 완성하실 분이요, 하나님의 뜻을 죄악 된 이 세상에 실제로 이루게 될 종이다. 예수님은 베드로의 답이 끝나자 그리스도이신 당신이 걸어가야 할 길을 말씀하신다. 예수님은 많은 고난을 받으셔야 한다. 장로들과 대제사장들과 서기관들에게 버린바 되어야 한다. 예수님은 그들에 의해 죽임을 당하고 제 삼 일에 살아나실 것이다.

예수님은 죽음과 부활, 즉 주님이 걸어가시게 될 길에 대하여 말씀하신 후에 이제는 제자들이 걸어가야 할 길에 대하여 말씀하신다. 누구든지 예수님을 따르려는 사람은 자기를 부인하고 날마다 자기의 십자가를 지고 주님을 따라야한다. 누구든지 자기의 목숨을 구하고자 노력하는 것이 아니라 주님을 위하여 자기의 목숨을 잃을 준비가 되어 있어야 한다. 누구든지 주님께서 걸어가신 길과 말씀을 부끄러워하면 예수님도 예수님의 영광과 아버지와 거룩한 천사들의 영광에 싸여 오실 때에 그 사람을 부끄럽게 여길 것이다. 사람이 온 세상을 얻을 지라도 예수님께 속한 제자의 영광을 잃으면 얻은 모든 것이 무익하게 된다.

:: 묵상 나눔

예수님은 하나님과 본질이 같은 분이셨으나 하나님과 동등한 존재가 되려고 하지 않으셨습니다. 예수님의 모든 권세를 다 내어놓고 종의 신분이 되시어 우리와 똑같은 인간이 되셨습니다. 그리고 자신을 낮추시고 죽기까지 순종하심으로 하나님의 뜻을 이루셨습니다. 예수님의 자기를 부인하시는 모습입니다. 예수님은 오늘을 살아가는 그리스도인들에게 자기를 부인하는 삶을 살아가라고 말씀하십니다. 자기를 부인한다는 것은 사도 바울을 통하여 말씀하신 것처럼 살아도 주를 위하여 사는 것이요, 죽어도 주를 위하여 죽는 것입니다. 주를 위하여 살아간다고 하면 우리는 무엇인가 위대한 일을 해야 하는 것처럼 느껴집니다. 특별한 무엇인가를 이루어 존재감을 확실하게 보여주어야 하나님의 뜻을 이룬 듯 느껴집니다. 그런데 생각해보면 우리는 하나님의 은혜가 아니면 오늘 하루 살아갈 수 없는 존재입니다. 하나님께서 열어주시는 만큼만 한걸음 앞을 향하여 나갈 수 있습니다. 나를 부인하고 오직 주님의 영광을 위하여 살고 싶으나 나는 결코 나를 부인하며 살 수 있는 존재가 되지 못합니다. 성령님께서 나의 모든 시간 함께 하시고 이끌어 가실 때 나를 비울 수 있고, 그저 겸손한 마음으로 하나님의 은혜 앞에 무릎을 꿇을 때 성령님은 나를 부인 할 수 있도록 도와주십니다. 주님을 위하여 목숨도 아까워하지 않는 인생이 되도록 하십니다.

:: 기도 나눔

하나님 아버지, 마음에 품고 있는 간절한 소망은 늘 마음을 비워 하나님의 뜻을 이루는 것입니다. 마음의 간절한 소망만큼 비우지 못하지만 그래도 잠잠히 바라보시는 하나님을 생각하며 힘을 내고, 오늘을 승리할 수 있기를 소망합니다. 성령님 모든 시간을 주장하시어 비움으로 채우시는 하나님의 은혜로 날마다 승리할 수 있도록 도와주옵소서.

≫ 뜻 나눔

하나님의 그리스도 - 하나님이 보내신 유일한 메시아

27. 9:28-36

변화산 사건

:: 말씀 나눔

예수님이 자신의 죽음과 부활 그리고 '제자도'에 대해서 말씀하신지 팔일이 지나서 베드로와 요한과 야고보 세 명을 데리시고 기도하러 산에 올라가신다. 예수님의 초청을 받은 제자들은 그 곳에서 지금까지 한 번도 경험해보지 못했던 놀라운 광경을 보게 된다. 하나님의 나라를 전하시고 병든 자들을 치유하시기 위해 분주하셨던 인간 예수님의 모습이 기도하실 때에 용모가 변화되고 그 옷이 희어져 광채가 나고 있다. 거룩하고 영광스러운 모습으로 변화 된 것이다. 사람의 얼굴이 변화되고, 옷이 변화되어 광채가 날 수 있는 것은 유한의 세계에서는 일어날 수 없는 일이다. 예수님께서 기도하실 때 그곳에 임재하신 하나님의 영광이 그러하도록 하신 것이다. 예수님의 얼굴에 있는 하나님의 영광이다. 하나님의 영광으로 변화되신 예수님은 모세와 엘리야와 함께 대화를 나누신다.

모세는 여호와의 영광이 가득한 시내 산에 강림하신 하나님을 만났다. 그 영광은 이스라엘 백성들이 애굽을 떠나 가나안 땅으로 향하여 가는 노정을 이끌도록 하였다. 하나님의 언약 백성으로서 필요한 율법을 수여받아 거룩한 이스라엘 백성들이라 불리며, 그 은혜 안에서 새로운 역사를 만들어 가게 될 여정에 하나님의 영광은 모세를 통하여 나타내신다. 엘리야는 심령이 가장 상심하고 연약했을 때 호렙 산에서 하나님의 세미한 음성을 듣게 된다. 열심이 유별

하였던 그가 생명을 포기하려 했으나 하나님을 만나고 다시 힘을 얻게 된다. 모세와 엘리야는 하나님께서 열어 가시는 역사의 증거요, 그 능력이었다. 예수님은 영광에 싸여 나타난 모세와 엘리야와 함께 예루살렘에서 있게 될 예수님의 죽음에 대하여 말씀하신다.

베드로와 다른 제자들은 깊이 졸고 있다가 온전히 깨어 예수님의 영광과 함께 서 있는 모세와 엘리야를 본다. 모세와 엘리야가 그곳을 떠나자 베드로는 예수님께 빨리 나아가 우리가 초막 셋을 짓되 하나는 주를 위하여, 하나는 모세를 위하여, 하나는 엘리야를 위하여 짓겠다고 한다. 베드로는 자기가 말을 하고 있지만 무슨 말을 하고 있는지 전혀 알지 못한다. 그때 구름이 제자들을 덮으매 두려워하는 그들에게 “나의 아들 곧 택함을 받은 자니 너희는 그의 말을 들으라”는 하나님의 음성이 들려온다. 제자들은 잠잠하여 어느 누구도 그들이 본 것을 그때에는 아무에게도 말하지 않는다.

:: 묵상 나눔

예수님은 제자들에게 장차 받게 될 예수님의 고난을 말씀하시기 시작하십니다. 오늘 함께 나누는 말씀에서도 예수님은 이미 하나님의 영광이 된 모세와 엘리야와 함께 예루살렘에서 별세하실 것을 말씀하십니다. 예수님의 죽음이 이 세상에서 살아가고 있는 생의 시간을 향하여 한걸음씩 다가오고 있습니다. 예수님은 하나님 아버지를 이 세상에서 영화롭게 하였다고 기도하십니다. 하나님을 영화롭게 하신 예수님, 하나님을 영화롭게 하시는 삶이 어떤 모습인지 아시는 예수님의 일상을 들여다봅니다. 예수님은 제자들을 부르실 때나 사역의 전후에 늘 기도하시는 모습이었습니다. 기도는 하나님께서 역사의 주관자 되시는 것을 고백하는 것으로 하나님을 영화롭게 하는 행위입니다. 예수님은 지극히 연약한 자들을 불쌍히 여기셨고 그들과 함께 하셨습니다. 사랑의 손길이 필요한 자들에게 베푸는 섬김은 하나님을 영화롭게 하는 행위입니다. 예수님은 하나님의 뜻을 이루기 위하여 고난 받으시며, 죽기까지 복종함으로 하나님을 영화롭게 하셨습니다. 하나님은 이런 예수님의 행보를 영화롭게 하셨습니다. 하나님의 뜻을 위하여 받는 고난과 복종은 하나님을 영화롭게 합니다. 하나님을 영화롭게 할 때, 하나님의 영광 중에 살아가는 은혜를 누리도록 하십니다.

:: 기도 나눔

하나님 아버지, 영광스러운 모습으로 변화되신 예수님의 모습을 상상하며, 어떻게 하면 영광스러운 모습이 될 수 있을까 고민합니다. 하나님의 영광중에 머무르기를 간절히 소망하오니, 말씀과 기도를 게을리 하지 않도록 도와주시옵소서. 하나님을 영화롭게 함으로 하나님의 영광을 누리며 살아갈 수 있도록 온 마음을 다스려주옵소서.

≫ 뜻 나눔

초막을 짓겠다는 베드로의 생각은 지극히 인간적인 모습이다.

28, 9:37-62

진정한 큰 자

:: 말씀 나눔

예수님을 바라보는 무리들이 여느 때와 같이 주님을 향하여 나아왔다. 예수님을 환호하는 수많은 무리 가운데 누군가가 갈급한 심령으로 "선생님 내 아들을 돌보아 주시옵소서"하며 큰 소리로 부르짖는다. 그의 외아들이 귀신에 의하여 참으로 곤란한 일들을 겪으며 고통 가운데 있으니 도와 달라는 것이다. 아이의 아버지는 제자들에게 먼저 고쳐주기를 부탁하였으나 제자들은 그 일을 감당하지 못하였다. 예수님은 제자들의 믿음 없음을 꾸짖으시며 아이를 데리고 오도록 한다. 아이가 예수님 앞으로 올 때에도 귀신은 아이를 거꾸러뜨리며 심한 경련을 일으키게 했다. 예수님은 아이에게 있는 더러운 귀신을 꾸짖으시고 낫게 하셨다.

예수님은 제자들에게 수난을 받게 될 것에 대하여 두 번째로 말씀하시며 귀에 담아 두라 하신다. 그러나 예수님의 말씀을 이해하지 못하도록 뜻을 숨겨두셨기에 제자들은 깨닫지 못하고 있으며 예수님께 묻기도 두려워한다. 예수님의 수난예고가 있었음에도 이해하지 못한 제자들은 그들 중에서 누가 가장 큰 사람인지 다투고 있다. 예수님은 그런 제자들에게 어린 아이를 옆에 세우신다. 그리고 말씀하시기를 "누구든지 내 이름으로 이런 어린 아이를 영접하면 곧 나를 영접함이요 또 누구든지 나를 영접하면 곧 나를 보내신 이를 영접함이라 너희 모든 사람 중에 가장 작은 그가 큰 자니라" 말씀하신다.

예수님의 수난이 있게 될 예루살렘, 그곳을 향하여 가시는 길에 있는 사마리아를 통과하고자 하나 사마리아인들은 길을 내주지 않는다. 그리심산에 있는 그들의 성전이 있음에도 예루살렘 성전을 향하여 올라가고 있기 때문이다. 예루살렘으로 향하여 가시는 길에 예수님 따르기를 원하는 사람들이 있다. 그러나 예수님께서 머리 둘 곳 없는 삶을 말씀하시자 그 사람은 떠나고 만다. 또한 아버지의 장례를 치러야 하고, 사랑하는 가족과 작별 인사를 해야 하는 등 세상의 분주함이 예수님을 따르는 길에 걸림돌이 되어 따르지 못한다. 예수님께서 또 다시 강조하는 것은 수난이다. 하늘로 올라가실 날이 다 되어 예루살렘에 가시기로 마음을 굳게 결심하고 움직이신다. 그러나 그 길목에서 사마리아인들의 반대로 다른 마을을 선택하신다. 주님을 따르겠다 말하면서 세상일에 분주하여 돌아서는 그들에게도 예수님은 강요하지 않으시고 그들의 자유로운 선택을 존중해 주신다.

:: 묵상 나눔

예루살렘을 향하시는 예수님 앞에 어떤 사람이 나는 선생님이 가시는 곳이면 어디든지 따라가겠다고 말합니다. 예수님은 그의 말에 여우도 굴이 있고 공중의 새도 집이 있으되 인자는 머리 둘 곳이 없다는 말씀을 하십니다. 예수님이 가시는 곳이면 어디든지 따르겠다던 사람은 머리 둘 곳 없다는 예수님의 말씀에 그저 잠잠합니다. 예수님을 따를 자신이 없는 것입니다. 예수님께서 또 다른 사람에게 나를 따르라 말씀하십니다. 그는 나로 먼저 가서 내 아버지를 장사하도록 하락하시기를 구합니다. 그러자 예수님은 죽은 자들로 자기의 죽은 자를 장사하게 하고 하나님의 나라를 전하는 일이 먼저가 되게 하라고 말씀하십니다. 예수님의 요구에 역시 순종하지 못합니다. 또 다른 사람이 예수님을 따르겠다 말합니다. 그런데 이 사람은 먼저 집안 식구들에게 작별 인사를 하게 해달라고 합니다. 예수님은 그의 말에 누구든지 손에 쟁기를 잡고 뒤를 돌아보는 사람은 하나님의 나라에 합당하지 않다고 말씀하십니다. 이 사람도 예수님을 따르는 것이 자신이 없나 봅니다. 결국 그의 길로 떠나고 맙니다. 나의 모든 것을 버리고 예수님을 따르는 길은 쉽지 않습니다. 그러나 그 길은 은혜의 길입니다. 하나님을 믿고 따를 때 능력위에 능력으로 함께 하시는 영광의 길입니다.

:: 기도 나눔

하나님 아버지, 예수님을 따르겠다고 찾아온 사람에게 십자가의 길은 영광의 길만이 아닌 것을 알았나 봅니다. 주님의 말씀을 듣고 모두 따르지 못하고 떠나버립니다. 어쩌면 영광을 먼저 생각해서 그런 것이 아닐까 생각해봅니다. 하나님, 높아지려는 것을 목표로 하지 않고, 섬기는 모습이 먼저 될 수 있도록 도와주시옵소서.

≫ 뜻 나눔

가장 작은 자 - 예수님이 가르치고자 하는 교훈을 배울 자세가 되어 있는 자

29. 10:1-24

예수님 이름의 능력

:: 말씀 나눔

예수님은 칠십 인을 세우셔서 친히 가시고자 하셨던 동네와 각 지역으로 두 명씩 짝을 지어 보내신다. 그들을 보내시면서 하나님께로 인도 할 사람들은 너무 많은데 그들에게 복음을 전할 일꾼이 너무 적으니 추수할 일꾼을 보내어 달라는 기도를 하게 하신다. 파송 받은 제자들은 큰 임무를 가지고 떠나지만 아직 어린 양과 같은 모습이다. 그들이 만날 세상은 이리와 같이 사나워 무엇이든지 삼켜버릴 것 같은데 제자들은 목자의 도움이 없이는 살아갈 수 없는 어린 양과 같다. 예수님은 그들을 보내시며 당부하시기를 복음을 전하는데 아무것도 가지지 말며 길에서는 아무에게도 문안하지 말라. 어느 집에 들어가든지 먼저 평안을 빌라. 평안을 받는 사람이 유하며 먹고 마시기를 청할 때 그곳에서 먹고 마시라고 하셨다. 영접하는 자에게만 복음을 전하고 병자를 고치며 함께 먹고 마실 수 있다. 그러나 영접하지 아니하거든 거리로 나와서 발에 묻은 먼지도 떨어버리라고 말씀하신다.

예수님이 세운 칠십 명의 제자들은 기쁨으로 돌아왔다. 그들이 기쁨으로 선교보고를 할 수 있었던 가장 큰 이유는 하나님의 권능을 그들이 직접 경험하였기 때문이다. 그들은 주님의 이름으로 귀신을 항복하게 하였는데 그들이 행한 일들은 오직 주님의 이름에서 나오는 능력이었다는 것을 알고 있다. 예수님은 이미 그들이 행하는 능력들을 알고 계셨다. 어느 누구도 알 수 없지만 예수님은 제자들의 선교현장에서 사탄이 하늘로부터 번개같이 떨어지는 것을 보고 계셨다. 어린 양과 같았던 제자들이었지만 예수님의 이름이 주는 능력은 어떤 세상이든지 능히 감당할 수 있는 권세가 되도록 한 것이다. 제자들은 모든 상황을 제어할 능력을 받았을 뿐 아니라 그들을 해하지 못하도록 보호하시는 은혜도 얻었다. 그러나 제자들이 진정으로 기뻐해야할 것은 귀신들이 그들에게 항복한 일이 아니요, 그들의 이름이 하늘에 기록되어진 것으로 기뻐할 것을 말씀하신다.

파송 받은 제자들로부터 보고를 받은 예수님은 성령으로 기뻐하시며 천지의 주재이신 하나님을 찬양한다. 지혜 있고 슬기 있는 자들에게는 숨겨진 하나님의 나라, 어린아이와 같은 이들에게는 나타내신 하나님의 나라다. 하나님의 나라를 볼 수 있게 된 제자들, 많은 선지자와 임금이 보고자 하였으나 보지 못한 하나님의 나라, 듣고자 하였으나 듣지 못한 하나님의 나라인데 제자들에게는 허락되었다. 이것이 하나님께 감사하는 예수님의 찬양이다.

:: 묵상 나눔

예수님께 파송을 받은 제자들은 전대나 배낭이나 신발을 가지고 갈 수 없습니다. 길에서 아무에게나 인사를 할 수 없습니다. 어느 집에 들어가든지 먼저 해야 할 말은 이 집이 평안하기를 바라는 기도, 즉 하나님의 은혜가 함께 하기를 바라는 기도입니다. 예수님은 하나님의 나라를 전할 때 한 집에 머무르게 하십니다. 함께 머무르면서 주는 것을 먹고 마시며 그들의 삶 속으로 들어가야 합니다. 그들의 삶의 현장으로 들어가 동일한 조건 속에서 복음을 전합니다. 동일한 삶의 자리로 들어가게 되면 그들의 필요가 무엇인지 알 수 있습니다. 무엇 때문에 슬퍼하고, 고통스러워하는지 그들의 내면의 소리를 들을 수 있습니다, 예수님도 우리가 살아가는 현실 속으로 오셨습니다. 우리가 살아가는 현실의 주인은 세상입니다. 힘이 필요한 곳, 권력이 필요한 곳, 물질이 절대적으로 필요한 곳입니다. 이런 인간들의 삶의 현장에 예수님은 우리와 동일한 모습으로 오셨고, 우리들의 소리를 들으셨습니다. 예수님은 광야와 같은 우리의 삶에 길을 내셨고, 사막과 같은 우리의 인생에 강을 내셨습니다. 하나님은 우리들도 예수님처럼 그들과 함께 하며 길을 내고 강을 내기를 바라십니다.

:: 기도 나눔

하나님 아버지, 우리들이 살아가는 세상 한복판에 찾아오시어 생명의 길을 내어 주셔서 감사합니다. 예수님처럼 광야에 길을 내는 삶이 되도록 도와주시옵소서. 사막에 강을 내는 일상이 되도록 도와주시옵소서. 성령으로 기뻐하신 예수님처럼 늘 성령으로 하나님의 거룩한 뜻을 보고 들으며, 이루어갈 수 있도록 도와주시옵소서.

≫ 뜻 나눔

세우다 - 높이 들어 보인다.

30. 10:25-37

나의 이웃이 누구니이까

:: 말씀 나눔

율법에 정통한 사람, 즉 율법에 대하여 깊은 연구에 힘쓰는 율법 전문가인 율법사가 예수님을 찾아와 "선생님 내가 무엇을 하여야 영생을 얻으리이까" 묻는다. 나름대로 율법에 충실한 삶을 살아가고 있다고 생각하였기 때문에 예수님을 시험하고자 하는 질문이다. 율법교사의 마음을 아시는 예수님은 바로 답을 하지 않으시고, 오히려 율법교사에게 물으신다. "율법에 무엇이라 기록되었느냐", "율법교사인 너는 그것을 어떻게 해석하고 있느냐" 질문을 던지신다. 예수님을 시험하고자 했던 율법교사는 이제 예수님으로부터 질문을 받아 오히려 답을 주어야 하는 상황에 놓인다.

율법교사는 자신 있게 예수님의 질문에 답을 한다. 하나님을 사랑함에 있어서는 마음을 다하며 목숨을 다하며 힘을 다하며 뜻을 다하는 것이요, 이웃을 사랑함에 있어서는 내 자신과 같이 사랑하라 하였나이다. 율법교사의 답에 예수님은 "네 대답이 옳도다 이를 행하라 그러면 살리라" 말씀하신다. 율법교사는 계속하여 '이웃'에 대한 범위를 묻는다. 예수님은 율법교사가 계속하여 던지는 질문의 의도를 알고 계셨다. 그러나 율법교사가 품고 있는 생각을 들추어 내지 않으신다. 대신 사마리아 사람의 행동으로 비유를 들어 답하여 주신다.

예루살렘에서 여리고로 내려가는 길목, 그곳에서 한사람이 강도들을 만나 거의 죽게 되었다. 강도 만난 사람은 누군가의 도움이 절대적으로 필요한 상황이다. 그때 그 현장에 성직의 임무를 마치고 돌아가고 있는 한 제사장이 내려온다. 죽어가고 있는 이웃에게 도움을 줄 것이라는 100%의 희망을 갖게 하는 직분이다. 그런데 그 희망이 물거품처럼 사라져버린다. 이후에 한 레위인이 그곳에 내려옴으로 다시 기대를 갖게 한다. 그러나 그 역시 우리의 기대를 무너뜨린다. 이제는 더 이상 희망을 기대할 수 없다고 생각하는데, 그곳에 어떤 한 사람이 내려온다. 자세히 보니 사마리아 사람이다. 유대인들에게 있어 희망을 품을 수 없는 사람이다. 그런데 이 사마리아 사람은 아주 자연스럽게 그가 할 수 있는 대로 정성을 다하여 거의 죽게 된 사람을 돌보고 나을 수 있도록 최선을 다한다. 그렇다면 이 세 사람 중에 누가 강도 만난 자의 이웃인가. 율법사에게 던지는 예수님의 질문이다.

:: 묵상 나눔

예루살렘에서 여리고를 향하여 내려가고 있는 우리의 이웃이 있습니다. 그의 동선이 어떠한 목적을 가지고 있었는지 알 수 없습니다. 다만 우리가 아는 것은 그의 시간 안으로 강도라는 복병이 찾아왔고, 예상하지 못한 상황에 놓여있다는 것입니다. 강도는 이웃이 소유하고 있는 모든 것들을 빼앗았고, 입고 있는 옷까지 벗긴 후 때려 거의 죽을 지경에까지 이르게 합니다. 이제 우리의 이웃은 생과 사의 갈림길에 놓여있으나 스스로 생의 향방을 선택할 수 있는 그 어떤 여지도 없습니다. 누군가의 도움, 자비로운 손길만이 이웃이 만난 절망의 시간을 생명의 시간으로 인도할 수 있습니다. 강도 만난 사람은 사마리아인을 만나지 않았다면 그의 몸이 살아있도록 하는 피는 식어졌을 것입니다. 사랑이라는 위대한 힘을 경험하지 못했을 것입니다. 더 이상 내일을 기대할 수 없었을 것입니다. 자비는 이런 것입니다. 내일을 기대할 수 있게 하는 것, 따뜻한 사랑을 느낄 수 있게 하는 것, 잃어버린 꿈을 다시 꾸게 하는 것입니다. 내일을 기대하기 어려운 우리의 이웃들이 있습니다. 그들은 우리의 작은 관심만으로도 희망을 기대하며, 주체할 수 없었던 눈물을 멈춥니다. 모든 것을 놓고 싶은 상황 속에서 다시 살 힘을 얻게 합니다. 성령님께서 우리의 관심과 함께 능력으로 일하시기 때문입니다. 하나님은 이런 사랑과 관심을 우리들에게 요구하십니다.

:: 기도 나눔

하나님 아버지, 세상을 향한 하나님의 사랑이 예수님의 거룩한 빛으로 우리 가운데 임재하시니 감사합니다. 많은 위협과 고난과 고통이 춤을 추는 세상 속에서 하나님의 백성으로 살아갑니다. 그러나 우리의 삶에 그 어떤 장애물도 하나님의 사랑보다 크지 않음을 기억하게 하옵소서. 하나님의 자비로운 은혜 안에서 자비를 베푸는 삶이 되게 하옵소서.

≫ 뜻 나눔

"읽느냐" - 율법을 읽는 행위가 아닌 본문의 의미를 깨닫는 것

31. 10:38-42

마르다와 마리아의 서로 다른 기쁨

:: 말씀 나눔

예루살렘을 향하여 가고 있는 예수님의 일행이 어느 한 마을에 들어가셨다. 그때 예수님의 일행을 본 마르다라고 하는 여인이 그녀의 집으로 예수님을 영접하였다. 이 여인은 너무나 기쁘고 감사한 마음으로 분주하게 음식을 준비한다. 조금이라도 더 음식을 준비하고 싶고 정성을 다하여 음식의 맛을 내고 싶은 마음이다. 예루살렘을 향하여 가시는 예수님의 행보가 어떤 목적을 가지고 있는지 마르다는 알지 못하고, 예수님의 심정 또한 어떠하신지 전혀 알지 못한다. 그러나 연약한 자들을 위하여 온 정성을 다해 치유하시고 은혜의 삶을 살아가도록 도우시는 예수님의 사랑이 마르다의 마음을 움직인 것이다.

분명히 마르다는 기쁜 마음으로 예수님을 영접했고 대접하기를 원하였다. 그런데 정성을 다하고자 했던 마르다의 마음이 동생과 상황을 비교하면서 와르르 무너지고 만다. 동생 마리아는 분주하기만 한 언니의 바쁨은 안중에도 없고, 예수님께서 들려주시는 말씀에 그만 푹 빠져버리고 말았다. 너무나 소중하고 귀한 말씀이라 생각했기 때문에 그 시간을 조금도 놓치고 싶지 않은 마리아다. 그저 행복하게 예수님의 발치에 앉아 말씀을 온 몸으로 받아들이고 있다. 마리아는 언니 마르다의 불만을 들었음에도 별다른 반응을 보이지 않는다.

마르다는 마리아가 도와주기를 바라는 마음으로 예수님께 자기의 분주한 상황을 말하였다. 하지만 예수님은 마르다의 의견을 들어 주지 않으신다. 오히려 여러 가지 일로 염려하고 근심하지 말고 몇 가지만 하든지 혹은 한 가지라도 좋으니 좋아하는 일을 택하여 하라는 말씀만 하실 뿐이다. 여기서 더욱 놀라운 것은 마리아가 자리하는 위치다. 마리아는 지금 예수님의 발 가까이에 앉아 있다. 그 자리는 일반적으로 남자들의 무대다. 그런 자리에 있다는 것도 놀라운 일인데 예수님과 아주 가까운 위치에서 말씀을 듣는 영광을 누리고 있다. 예수님은 마르다의 섬김과 마리아의 말씀 듣는 것을 비교하여 말씀하시지 않는다. 하나님의 나라를 세워 가는데 있어 봉사와 섬김은 결코 빠질 수 없다. 뿐만 아니라 말씀을 전하고 듣는 것도 결코 간과할 수 없는 중요한 일이다. 어떤 일들도 배제할 수 없는 아주 중요한 일들이지만 가장 중요한 것은 하나님의 임재 안에 있는 것이다. 많은 일을 하든지, 혹은 한 가지만이라 할지라도 하나님의 임재 안에서 주어진 일들을 감당하는 것이다.

:: 묵상 나눔

예수님을 잘 대접해드리고 싶었던 마르다가 순간 평안을 잃어버리고 무너진 것은 분주함 때문입니다. 더 잘하고 싶은 마음, 더 많은 것들을 이루고 싶은 마음은 많은 사람이 가지고 있는 일반적인 바람입니다. 마르다도 이러한 마음에서 시작하였는데, 그만 무너지고 말았습니다. 누구보다 분주하셨던 예수님께서 무너지지 않았던 이유는 어디에 있을까요. 예수님은 새벽 미명, 아직도 밝기 전에 일어나 한적한 곳으로 가셔서 기도하셨습니다. 수많은 사람들을 만나시기 전 예수님의 행보입니다. 예수님에 대한 소문으로 말씀을 듣고자 찾아오고, 위로와 힘을 얻고자 찾아오고, 병 고침을 받고자 여기저기서 몰려옵니다. 예수님은 끊임없이 찾아오는 무리들에게 많은 시간을 함께하십니다. 그리고 그들이 돌아간 이후에는 한적한 곳을 찾으셔서 기도하시며, 하나님의 임재 안에서 다시 회복되도록 하십니다. 분주한 일상은 우리들의 마음을 때로는 곤고하게 합니다. 하나님의 마음, 조금 더 선한방법을 놓치게도 합니다. 하나님의 임재를 누리지 못하고 비참하게 무너지도록 합니다. 마르다는 이런 분주함 속에서 하나님의 임재는 놓쳐버렸기에 지극히 인간적인 모습으로 불평을 하게 됩니다.

:: 기도 나눔

하나님 아버지, 한적한 곳을 찾아 하나님의 임재 안에 머무르며, 그 가운데 주시는 은혜와 능력을 날마다 누리기를 소망합니다. 그 은혜로 일상의 분주함 속에서 만나는 곤고함을 이겨내도록 하옵소서. 그 능력으로 눈물나게 아픈 현실을 감당하게 하옵소서. 오늘의 주인이요, 내일의 주인 되시는 주님의 자녀로 살아가는 것에 다만 감사하게 하옵소서.

≫ 뜻 나눔

발치에 앉아 - 제자들이 스승에게 배울 때의 자세

32. 11:1-4

아버지의 이름이 거룩히

:: 말씀 나눔

예수님의 일상은 하나님의 영광이다. 하나님의 나라를 전하시는 것도, 마음과 육신이 연약한 자들을 치료하시며 가르치시는 것도 모두 하나님의 영광이다. 그렇다면 예수님의 일상이 온전히 하나님의 영광이 되도록 하실 수 있었던 힘은 어디에 있었을까. 예수님의 발자취를 보면 홀로 한적한 곳에서 가지셨던 은혜의 시간이었음을 보게 된다. 예수님은 새벽 미명, 즉 사역을 시작하시기 전에 한적한 곳으로 가셔서 기도를 하셨고, 저물어 어두운 시간에도 홀로 한적한 곳으로 가셔서 기도를 하셨다. 오직 하나님의 영광만 이루셨던 예수님의 일상은 습관을 따라 감람산에 오르시고, 또 오르신 그 길에 있었다.

요한은 그의 제자들에게 기도를 가르쳐 주었다. 이에 예수님의 제자들도 요한이 제자들에게 기도를 가르쳐 준 것처럼 그들에게도 기도를 가르쳐 주시기를 부탁한다. 늘 기도하시는 예수님은 제자들의 요청에 따라 기도해야 할 내용을 말씀하신다. 나의 삶을 통하여 하나님의 이름이 거룩히 여김을 받으시기를, 나의 삶을 통하여 하나님의 나라가 임하시기를, 나의 삶에 날마다 일용할 양식을 주시기를, 우리의 죄를 사하여 주시기를, 우리를 시험에 들게 하지 마시옵기를 위하여 기도하라. 하나님의 뜻이 이루어지는 그곳에 우리들의 시간과 우리들의 생각과 우리들의 삶이 있기를 기도하라고 말씀하신다.

예수님은 기도의 시작을 “아버지여 이름이 거룩히 여김을 받으시오며 나라가 임하시오며"로 시작한다. 이는 창조주 하나님은 거룩하신 분이며, 거룩히 여김을 받으셔야 하는 분이시기 때문이다. 우리를 다스리시는 분이요, 우리는 하나님의 거룩하심과 다스리심이 영광으로 나타나도록 존재하는 것을 의미한다. 하나님의 이름이 거룩히 여김을 받으시고 나라가 임하시도록 하기 위하여, 우리는 오늘의 일용할 양식이 필요하고, 죄 사함이 필요하고, 시험에 들지 않아야한다. 일용할 양식으로 넘어질 때 하나님의 영광도 사라지고, 죄 사함이 없을 때 하나님의 거룩한 자녀가 될 수 없으니 당연히 영광 안에 머무르지 못하며, 시험에 들게 되면 우리는 하나님의 선하신 뜻대로 살아갈 수 없다. 하나님은 우리와 함께 하시기를 바라시며, 하나님과 함께 거룩한 꿈을 꾸기를 바라시고, 우리들이 그 꿈을 이루기를 원하신다. 그러할 때 하나님의 나라와 권세와 영광이 우리들을 통하여 이루어지게 된다.

:: 묵상 나눔

한적한 곳을 찾아 기도하셨던 예수님은 하나님과 세상의 막힌 담을 헐어 평화하게 하는 것입니다. 막힌 담을 헐어 세상으로 하나님을 영화롭게 하는 것입니다. 하나님을 영화롭게 하시기 위하여 종교지도자들을 만나셨고, 가난한 자들을 만나셨고, 병든 자들을 만나셨고, 연약한 자들을 만나셨습니다. 종교지도자들과 함께 하실 때 예수님은 그들을 위해 무엇을 기도하셨을까 생각해 봅니다. 가난하고 병들고, 연약한 자들을 만나셨을 때 예수님은 어떤 마음으로 그들을 위해 기도하셨을까 생각해봅니다. 하나님의 아들 예수님을 받아들이지 않는 종교지도자들은 예수님의 마음을 답답하게 합니다. 가난한 자들, 병든 자들, 연약한 자들. 이들은 예수님의 마음에 눈물이 고이게 합니다. 그러니 예수님의 마음은 안타까움이요, 눈물이며, 때로는 가슴 저미는 아픔입니다. 하나님의 위로가 없다면, 하나님께서 주시는 능력이 없다면 이 모든 상황들 앞에서 하나님을 영화롭게 할 수 없는 예수님의 마음입니다. 그러니 새벽 아직도 밝기 전에 하나님을 찾으시고, 저물어 어두운 시간 하나님을 찾으십니다. 예수님은 하나님의 임재가 가득한 그곳에서 주시는 은혜로 모든 것을 포기하지 않고, 하나님을 영화롭게 하실 수 있었습니다. 기도는 우리를 그렇게 승리하도록 합니다.

:: 기도 나눔

하나님 아버지, 하나님의 자녀가 되게 하시어 나의 아버지라 부르게 하시고, 자녀로서 누릴 수 있는 능력을 주시니 감사합니다. 늘 기도하셨던 주님처럼 기도하는 삶이 되게 해 주시옵소서. 기도하지 않고는 세상의 모든 유혹을 이길 수 없다는 것을 아오니 주님처럼 하나님의 임재 안에 머무를 수 있도록 도와주시옵소서.

≫ 뜻 나눔

거룩하신 하나님 앞에 우리는 늘 부족한 모습이다.

33, 11:5-13

성령을 주시지 않겠느냐

:: 말씀 나눔

예수님은 기도의 모범을 가르쳐주시고, 이제 기도를 하는 사람에 대한 자세와 마음가짐을 말씀하신다. 서로의 마음을 나누는 벗이 있다. 벗이기에 밤중이지만 필요한 것을 얻기 위하여 찾아간다. 그러나 기대와는 다르게 의지하였던 벗은 나를 괴롭게 하지 말라는 반응을 하며 거절한다. 어두운 밤중에 찾아갈 수 있었던 것은 벗이기에 가능했다. 벗이기에 어려운 상황을 이해하여 도움을 줄 수 있을 것이라 생각했기 때문에 찾아갈 수 있었다. 그런데 벗은 기대와는 다르게 외면을 한다. 그러나 벗으로서는 얻을 수 없었던 것을 얻도록 한 것이 있다. 바로 간절히 바라는 마음이다. 예수님은 "벗"이라도 이룰 수 없는 것을 "간절한 마음"은 이룰 수 있다고 말씀 하신다.

예수님은 구하는 사람에게는 주실 것이요, 받을 것이라고 하셨다. 찾는 자들에게는 찾아 낼 것이라고 말씀하셨다. 문을 두드리는 자에게는 열릴 것이라고 말씀하셨다. 구하는 것에도, 찾는 것에도, 문을 두드리는 것에도 방법이 중요하지 않고 시간이 중요하지 않다. 어떤 방법이든지 상관이 없다. 어느 때이든지 상관이 없다. 하나님께서 우리들에게 원하시는 것은 이루어지기를 원하는 간절한 마음이다. "쉬지 말고 기도하라" 하셨던 하나님은 주무시지도 않고 우리들을 지켜보고 계시기 때문에 우리들이 구하는 그 시간에 함께 하시어 얻게 하신다. 우리들이 찾고 있는 그 시간에 함께 하시어 찾게 하시고, 우리들이 문을 두드리는 그 시간에 함께 하시어 문을 열어 주신다.

예수님은 우리들을 향한 하나님의 사랑을 부모의 사랑과 비교하여 말씀하신다. 자녀를 향한 부모의 사랑을 무엇으로 비교할 수 있겠는가. 어떤 부모도 생선을 달라고 하는 자녀에게 뱀을 주지는 않는다. 어떤 부모도 알을 달라 하는 자녀에게 전갈을 주는 부모는 없다. 부모는 자녀에게 최고의 것, 최상의 것을 주고자 하는 마음이다. 그러나 부모는 시간과 공간을 뛰어넘지 못한다. 아무리 좋은 것이라 해도 인간은 한계라고 하는 벽을 넘을 수 없다. 보이지 않는 벽, 넘어설 수 없는 벽이 있다. 그러나 하나님께서 주시는 것은 무엇인가. 성령이다. 시간과 공간을 뛰어넘어 인간의 한계를 무색하게 하시는 성령이다. 우리를 사랑하시는 하나님은 영원부터 영원까지 다스리시는 성령을 주신다고 말씀하신다.

:: 묵상 나눔

우리를 향하신 하나님의 뜻은 여러 가지로 표현할 수 있습니다. 그 중에 바울 사도는 항상 기뻐하는 것, 쉬지 않고 기도하는 것, 범사에 감사하는 것이 하나님의 뜻이라고 기록합니다. 그런데 우리 인간이 항상 기뻐할 수 있을까요. 쉬지 않고 기도할 수 있을까요. 범사에 감사할 수 있을까요. 우리의 마음은 하나님의 법과 죄의 법을 동시에 가지고 있기 때문에 항상 기뻐할 수 없습니다. 범사에 감사할 수도 없으며, 쉬지 않고 기도할 수 없는 연약한 자들입니다. 그러나 죄의 법을 누르고 하나님의 뜻을 이룰 수 있도록 하는 성령님이 우리들의 마음을 다스리시면 상황은 달라집니다. 성령님은 나를 이겨 하나님의 뜻을 위한 삶이 되도록 도와주십니다. 성령님은 오늘을 이기고 내일을 기대할 수 있도록 인도해 주십니다. 예수님은 오늘을 살아가는 우리들의 일상이 녹록하지 않음을 알고 계십니다. 그런 우리들이 항상 기뻐하고, 모든 일에 감사하고, 쉬지 않고 기도할 수 있도록 성령님을 우리에게 주시겠다고 말씀하셨습니다. 그리고 그 약속은 이미 이루어졌습니다. 우리의 마음을 살피시는 하나님이 계시고, 하나님의 뜻대로 우리들을 위하여 기도하시는 성령님이 우리와 함께 하십니다. 그분을 의지한다면 기쁨과 기도와 감사가 우리의 삶을 채우도록 도와주십니다.

:: 기도 나눔

하나님 아버지, 우리들의 마음이 슬픔으로 가득하여 간절함으로 하나님의 은혜를 구할 때에 하나님의 평안을 얻게 해주시옵소서. 진리의 문을 두드리는 그 때에 하나님의 은혜로 열어 주시옵소서. 행여나 우리들이 깨닫지 못하여 낙심할 때에 성령님 도우시어 깨닫게 하시고, 하나님의 인도하심을 감사할 수 있도록 도와주시옵소서.

≫ 뜻 나눔

간청 - 부끄러운 줄 모르는 행위, 뻔뻔스러운 행위

34. 11:14-28

하나님의 나라

:: 말씀 나눔

예수님이 사람의 몸에 들어가 말을 하지 못하게 하는 귀신을 그 몸에서 쫓아내신다. 예수님의 능력으로 귀신이 쫓겨 나가자 말 하지 못하던 사람은 입을 열어 말을 하게 된다. 이 광경을 본 한 무리들은 예수님의 이적이 바알세불을 힘입어 귀신을 쫓아냈다고 한다. 바알세불은 귀신의 우두머리를 말한다. 그러니 바알세불을 힘입어 귀신을 쫓아냈다고 하는 것은 예수님이 하나님의 아들이 아니요, 귀신에게 속한 자라는 그들의 생각이다. 바알세불에게 속한 자라면 말 못하는 사람은 회복이 되는 것이 아니라 더 좋지 않은 최악의 상황이 되어야 한다. 말 못하게 하는 귀신을 쫓아내게 되면 악의 세력이 서로 분쟁하는 계기가 되는 것이고, 종국에는 사탄의 나라가 무너지게 될 것이다. 그러나 말을 하지 못하는 사람은 치료가 되었고, 사탄의 세력은 분쟁이 일어나지 않았다. 그러니 예수님은 하나님의 아들이시다. 예수님의 빛은 회복이요, 치료가 되기 때문에 말 못하는 사람은 나음을 입게 된 것이다.

예수님은 무리들에게 "내가 하나님의 손을 힘입어 귀신을 쫓아내면 하나님의 나라가 이미 너희에게 임하였느니라" 말씀하신다. 예수님께서 선포하신 것처럼 말 못하게 하는 귀신을 쫓아내셨으니 하나님의 나라는 이미 우리에게 임하였다. 하나님의 나라가 임하였다는 것은 세상을 지배하는 듯한 바알세불의 힘이 황폐하여 무너지게 되는 것을 의미한다. 이는 더러운 귀신이 사람에게서 나가 물 없는 곳으로 다니며 쉴 곳을 찾지만 원하는 곳을 찾지 못하여 망하는 것과 같다. 강한 바알세불이 단단히 무장하여 자기의 집을 지키지만 그들보다 더 강한 예수님은 그 세력을 굴복시켜 희망의 빛으로 변화되도록 하신다.

하나님의 나라가 임하여 귀신이 머물렀던 집이 청소가 되고 수리가 되었다. 그런데 그곳에 전에 머물렀던 귀신이 더 악한 귀신 일곱을 데리고 들어온다. 분명히 깨끗하게 정리가 되었다. 그런데 어떻게 더 악화가 될 수 있을까. 예수님은 하나님의 말씀을 듣고 지키는 자가 복이 있다고 말씀하신다. 즉 하나님의 말씀을 듣지 않고 지키지 않으면 사탄의 세력에 무너지고 만다. 하나님의 말씀을 듣고 지켜나가면 하나님의 나라는 우리들의 마음에 능력이 되어서 세상에 무너지지 않는 삶을 살게 된다. 한 여인이 예수님을 밴 태와 먹인 젖이 복이 있다고 외치지만, 예수님은 그런 가시적인 것이 중요한 것이 아니요, 하나님의 말씀을 듣고 지키는 자가 복이 있다고 말씀하신다.

:: 묵상 나눔

하나님의 나라가 임하면 우리는 하나님의 영광을 볼 수 있게 됩니다. 하나님께서 예수 그리스도의 얼굴에 있는 하나님의 영광을 아는 빛을 우리들의 마음에 비추셨기 때문입니다. 하나님의 영광을 아는 마음을 우리들이 누리지만 그 은혜는 우리들이 지속하여 유지해나가야 합니다. 본문에서는 더러운 귀신이 있었던 사람에게서 그 귀신이 나가자 청소되고 수리가 되었다고 표현을 합니다. 그런데 청소가 되고 수리가 된 깨끗한 집에 더 악한 귀신들이 다시 들어갑니다. 청소가 된 곳에 귀신을 막아낼 수 있는 말씀의 능력이 채워지지 않았기 때문입니다. 하나님의 능력은 이미 임하였고, 그 능력을 누릴 수 있게 되었는데 우리들이 한걸음 더 나아가 그 능력을 나의 것으로 만들지 못한 것입니다. 우리는 이정도면 되겠지 하는 마음으로 안주하거나 머무르면 안 됩니다. 사탄은 우는 사자와 같이 두루 다니며 삼킬 자를 찾고 있기 때문에 하나님의 임재가 매일매일 우리들의 일상에 가득하도록 깨어 있어야 합니다. 그렇게 할 때 어떤 어둠의 세력도 우리들을 범접하지 못할 것입니다.

:: 기도 나눔

자비로우신 하나님 아버지, 하나님을 알 수 없고 느낄 수도 없는 저희들에게 예수님을 이 땅에 보내주시어 그 놀라운 영광을 보게 하시니 감사합니다. 하나님께서 저희들에게 주신 은혜를 잊어버리지 않게 하옵소서. 말씀을 묵상하고 깨달아 행함으로 더 깊은 하나님의 뜻을 분별할 수 있도록 도와주시옵소서. 하나님의 마음으로 세상을 보게 하시고, 눈을 들어 하나님의 영광을 날마다 찬양할 수 있도록 도와주시옵소서.

≫ 뜻 나눔

하나님의 손 - 하나님의 성령(마태 12:28), 하나님의 나라 - 하나님의 영역

35. 11:29-36

네 몸의 등불은 눈이라

:: 말씀 나눔

본문 앞에 있었던 사건으로 예수님께서 말을 하지 못하는 사람에게 들어가 있는 귀신을 쫓아내신 광경을 본 한 무리들은 예수님을 시험하고자 하늘로부터 오는 표적을 구한다. 당시 유대인들은 예수님의 능력을 부인할 수 없게 되었다. 예수님을 통하여 분명한 사건들이 이미 나타났고, 이러한 기적은 하나님의 종들만이 가능하다고 인정했기 때문이다. 그러나 유대인들은 예수님을 거부한다. 그 이유는 유대인들만을 위해서 존재하셔야 하는데 오히려 예수님은 죄인들과 함께 하시고 종교지도자들에게는 늘 칼을 대시기 때문이다. 예수님은 그런 그들에게 요나의 표적 밖에는 보일 표적이 없다고 말씀하신다. 요나의 표적이 니느웨 사람들에게 표적이 된 것과 같이 예수님도 이 세대에 표적이 될 것이라고 말씀하신다.

요나는 니느웨 성을 돌며 사십일이 지나면 니느웨가 무너질 것이라고 외친다. 니느웨 사람들은 요나의 소리를 듣자 하나님을 믿고 금식을 선포하고 높고 낮은 자를 막론하고 굵은 베옷을 입고 회개한다. 하나님의 선민이 아니었던 백성들이고 땅이었기에 악행이 가득한 니느웨 성이었지만 그들의 회개는 하나님의 구원이 임하도록 한다.

남방 여왕이 솔로몬의 명성을 듣고 예루살렘을 찾아온다. 솔로몬은 남방 여왕의 모든 질문에 답을 한다. 여왕은 솔로몬의 답을 듣고 "당신의 하나님 여호와를 송축할지어다.. 여호와께서 이스라엘을 영원히 사랑하시므로 당신을 세워 왕으로 삼아 정의와 공의를 행하게 하셨도다" 고백한다. 남방의 여왕이 솔로몬의 지혜를 듣고 그에게 지혜를 주신 하나님을 찬양한다. 하지만 예수님은 스스로 하나님의 영광이 되시기에 솔로몬보다 더 큰 이시다.

등불을 켜는 이유는 공간을 밝게 비추기 위해서다. 빛은 공간을 볼 수 있도록 하여 우리들이 가야할 곳과 가지 말아야할 곳을 구분하도록 한다. 그런데 그런 등불을 켜서 그릇 속에 두거나 숨겨두면 등불을 켠 의미는 전혀 없다. 등불은 등경 위에 두어서 그 빛을 필요로 하는 모든 공간을 밝게 하여 길을 안내해 주어야 한다. 예수님은 이런 등불을 우리 몸의 눈이라 비유하여 말씀하신다. 눈을 통하여 인식 되어 진 상황들은 우리들의 의식에 큰 영향을 미친다. 선하게 보면 선한 것이요, 악하게 보면 악한 것이 되는 것처럼 우리들의 눈이 순전하면 온 몸이 밝아 빛이 될 수 있다. 등불이 가지고 있는 빛이 어둠을 몰아내는 것처럼 우리의 눈이 밝은 등불이 될 수 있도록 하는 것은 우리들이 감당해야 하는 우리의 몫이다.

:: 묵상 나눔

예수님은 우리들의 눈을 몸의 등불로 비유하셨습니다. 우리의 몸이 등불로서의 역할을 온전히 감당하기 위해서는 눈이 순전하여야 합니다. 요나는 은혜로우시며 자비로우시며 노하기를 더디하시며 인애가 크신 하나님의 속성을 너무나 잘 알고 있었습니다. 그런데 그런 하나님의 속성이 선민 이스라엘에게만 한정되기를 바랐습니다. 그러나 니느웨 사람들은 요나를 통하여 들려지는 하나님의 말씀을 그대로 받아들여서 회개를 하게 됩니다. 남방 여왕도 솔로몬을 통하여 보여 지는 것들을 그대로 받아들여 살아계신 하나님을 찬양합니다. 우리의 눈은 보여 지는 그대로 판단을 하고 자기만의 결론을 냅니다. 그리하여 하나님의 차별이 없는 사랑을 우리들은 차별 하고, 판단하지 않으시는 하나님의 은혜를 우리들은 판단을 합니다. 우리 몸의 등불을 통하여 하나님의 거룩한 빛으로 들어가야 할 수많은 사람들에게 바른 길을 안내해 주어야 하는데, 때로는 그렇지 못합니다. 우리는 부족하기에 우리의 빛이 어두워지지 않도록 하나님의 은혜 앞에 늘 비추어보아야 합니다. 등불로서 역할을 잘 감당할 수 있도록 은혜를 구하며 오늘도 파이팅입니다.

:: 기도 나눔

은혜로우신 하나님 아버지, 하나님의 은혜를 알고 나의 죄를 회개하게 하시니 감사합니다. 어둠을 밝히는 등불과 같은 눈이 되게 해주옵소서. 차별하는 눈이 아니라, 정죄하고, 판단하는 눈이 아니라 하나님이 인정하시는 길로 인도할 수 있는 눈이 되게 하옵소서. 아름답고 선한 빛이 되어 오직 하나님을 영화롭게 하는 눈이 되도록 도와주시옵소서.

≫ 뜻 나눔

성하다 - 건전하다. 순전하다.

36. 11:37-54

하나님이 원하시는 삶

:: 말씀 나눔

예수님께서 말씀하실 때에 한 바리새인이 함께 점심 잡수시기를 청하므로 들어가신다. 자리에 앉으신 예수님께서 음식을 잡수시기 전에 손을 씻지 않으신다. 바리새인들에게 있어 정결법은 아주 중요한 의무다. 그런데 예수님은 그런 바리새인과 함께 식사를 하시는 곳에서 그들의 법을 따르지 않으신다. 예수님의 행위를 보고 이상하게 생각하는 바리새인에게 잔과 대접의 겉은 깨끗이 하면서 너희 속에는 탐욕과 악독이 가득하다고 말씀하신다. 바리새인들은 마음으로는 하나님께서 원하시는 거룩을 이루어가지 않으면서 겉으로만 남의 눈을 의식하여 거룩한 사람처럼 보이기를 바라며 행동하고 있기 때문이다.

예수님은 이런 바리새인들에게 세 가지의 화를 말씀하신다. 첫 번째는 공의와 하나님께 대한 사랑을 버린 것이고, 두 번째로는 회당의 높은 자리와 시장에서 문안 받는 것을 기뻐하는 것이고, 세 번째는 평토장한 무덤 같다는 비유이다. 하나님을 사랑하지 않으면 마음에 탐욕과 악독이 가득하여 공의를 이룰 수 없다. 높은 자리에 앉는 것이나 문안 받는 것은 잔과 대접의 겉만 깨끗하게 하려는 것처럼 다른 사람들의 눈에 좋게 보이고자 하는 것이다. 평토장한 무덤은 보이지 않는 무덤이다. 마음속에는 시체와 같은 부패함이 있으면서 겉으로만 의로운 사람처럼 보이고자 하는 바리새인들의 행동을 공개하신 것이다.

예수님은 바리새인에 이어 율법교사에게 화를 선언하신다. 율법교사에게는 첫 번째로 감당하기 어려운 짐을 사람들에게 지도록 하면서 그들은 손가락 하나도 대지 않는 것, 두 번째로는 선지자들의 무덤을 만드는 것, 세 번째로는 지식의 열쇠를 가졌으면서 그들도 들어가지 못하고 들어가고자 하는 자도 막는 것이다. 율법교사는 율법을 해석하여 하나님의 사랑을 깨닫게 해야 하는데 오히려 무거운 짐이 되도록 했다. 그리고 힘들어 하는 사람들에게 어떤 도움도 되어주지 못한다. 선지자들의 무덤을 만드는 행위는 의로운 선지자들을 죽이고 난 후에 그 선지자들의 무덤을 만들어 줌으로 의로워 보이고자 한 것이다. 지식의 열쇠를 가지고 있다는 것은 율법을 올바르게 해석하여 사람들이 하나님의 나라에 들어가도록 인도해야 하는데 오히려 그들도 들어가지 못하고 다른 사람들도 들어가지 못하도록 한 것이다.

:: 묵상 나눔

의나 진리나 선은 오직 하나님으로부터 시작이 됩니다. 의나 진리나 선은 하나님 없이 자체적으로 존재할 수 없으며 당연히 우리들에게서도 나타날 수 없습니다. 아무리 악한 죄인이라도 하나님과 함께 하면 의가 되고, 진리가 되고, 선이 됩니다. 아무리 선한 사람이라 해도 하나님과 함께 하지 않으면 의나 진리나 선이 될 수 없습니다.

:: 기도 나눔

하나님 아버지, 하나님의 백성이 될 수 없었던 저희에게 긍휼을 베풀어 주시어 하나님의 백성이 되게 하시니 감사합니다. 하나님의 조건 없는 사랑이 아니라면 받을 수 없는 은혜입니다. 값없이 받은 하나님의 사랑이오니 그 은혜 안에서 의와 진리와 선을 이루어가도록 도와주시옵소서. 하나님의 말씀을 바르게 깨닫고, 바르게 전하여 많은 사람을 그리스도의 품에 안길 수 있도록 돕는 인생이 되도록 도와주시옵소서.

≫ 뜻 나눔

종교지도자 - 하나님은 이스라엘 백성을 출애굽 하게 하신 후 성막을 짓게 하시고 제사와 율법을 주셨다. 이후 다윗시대 대제사장이었던 사독을 중심으로 솔로몬 성전을 지은 이후에는 제사제도와 율법 중에 제사제도가 중심이 되어 이스라엘의 신앙 활동이 되었다. 사독의 대제사장 직을 잇는 이들로 제사장직을 중요시하는 이들을 사두개인이라 불리었다. 남유다 왕조가 멸망하고 성전 파괴 후(바벨론/ 70년) 회당을 지어 율법을 중심으로 한 신앙교육과 실천을 이어갔다. 이에 포로 이후는 율법 중심의 사회로 종교적 중심이 이동하게 된다. 예수님시대는 율법주의의 중추적 지도자였던 서기관(율법교사)이 중심 세력이었는데 그들 중에 종교적, 정치적 엄격함으로 구별하였던 당파가 바리새인이다. 바리새인, 율법교사, 서기관은 한 부류로 율법을 삶의 중심에 두고 신앙을 지켜갔던 사람이다.

37. 12:1-12

세상을 두려워하지 않게 하는 성령

:: 말씀 나눔

예수님은 제자들에게 바리새인들의 외식을 주의하라고 말씀하신다. 외식은 우리의 육안으로 볼 수 있는 것들만 보기 좋게 꾸며 보이는 것을 말한다. 바리새인들은 율법을 소중하게 생각하고 실천하며 살고자 하였으나 외적인 정결에만 너무나 치중하였다. 그러나 하나님은 우리의 외적인 것의 주인만 되시지 않는다. 우리의 모든 생각을 내는 마음의 생각도 하나님의 것이다. 그러하기에 어두운 곳에서 행하는 은밀한 죄악들을 싫어하신다. 겉으로 드러나는 우리들의 행동과 함께 우리들의 내면에 품는 모든 생각들까지도 선하기를 바라신다. 하나님 앞에서는 그 어떤 것도 감추어 질 수 없다.

참새 다섯 마리가 두 앗사리온에 팔리게 된다. 참새가 잡히는 과정도, 팔리는 과정도 사람들의 관심 밖에서 일어나는 일이다. 그러나 하나님에게는 우리들의 관심밖에 있는 참새를 잊어버리지 않으시고 기억하신다. 우리를 향하신 하나님의 마음은 어떠하실까. 우리의 머리털까지도 세고 계신다고 말씀하심으로 그만큼 우리들을 사랑하시고 우리와 함께 해주신다. 세상은 어떠한가. 세상은 하나님께서 우리들을 사랑해 주시는 만큼 우리를 미워한다. 그러하기에 끊임없이 우리들을 죽이려고 한다. 그런 세상은 우리들의 몸만 죽일 수 있을 뿐이다. 그러나 하나님은 우리들의 몸을 영원한 생명으로 인도할 수 있으며, 영원한 지옥으로도 던져 넣으시는 분이다. 그러므로 우리가 누구를 두려워해야 하는가. 아침 안개와 같은 짧은 인생을 살아가면서 세상을 두려워하지 말고 하나님을 두려워해야 한다.

하나님의 아들이요, 우리의 구원자 예수님은 유대인들이 기대하는 모습으로 이 땅에 오시지 않았다. 예수님의 모든 행보도 종교지도자들의 기대를 완전히 벗어나셨다. 종교지도자들은 그들의 눈으로 의인과 죄인을 구분하였다. 그들의 판단은 하나님을 인정하지 않도록 하였고, 인자를 거역하는 결과를 낳았다. 비록 세상으로부터 버림을 받으신 예수님이시지만 주님은 어느 누구도 포기하지 않으셨다. 예수님께서 우리들을 포기하지 않으신 것처럼 우리들도 예수님을 포기하지 않고, 마지막까지 하나님의 뜻을 이루기를 바라신다. 세상이 예수님을 비방하고, 우리들의 목숨을 위협하지만 예수님을 의지하여 은혜를 구할 때 성령님은 우리들의 생각을 지켜주신다. 우리들의 생각이 흐려지지 않도록 하시고, 어떤 상황에서도 강하고 담대하도록 도우실 성령님은 우리들의 삶에 함께 해주신다.

:: 묵상 나눔

세상은 참으로 많은 것들로 우리 그리스도인들은 유혹합니다. 하나님을 떠나도록, 예수님을 부인하도록 부와 권력이 유혹을 하고 죄 안에서 허우적대도록 합니다. 이러한 세상을 이기기 위해서는 우리 안에 성령님이 함께 해 주셔야 합니다. 바리새인들의 외식은 우리들을 죄인이라고 판단합니다. 세상의 권력은 하나님을 부인하도록 하고, 예수님을 거역하도록 합니다. 그러나 하나님의 뜻대로 우리들을 위해 간구하시는 성령님은 모든 상황 속에서 우리들이 포기하지 않도록 도우시며, 마땅히 할 말을 가르쳐 주십니다. 우리는 하나님의 은혜 앞으로 나아가기만 하면 됩니다. 세상을 보지 말고 하나님을 보십시다. 아침 안개와 같은 짧은 우리의 시간을 세상의 명예와 바꾸지 말고, 오늘도 하나님의 은혜만 바라보며 승리하는 삶이 되도록 하십시다. 하나님은 우리들의 이런 마음을 통하여 영광을 받으시고 더 선한 길로 우리들을 인도하여 주십니다.

:: 기도 나눔

하나님 아버지, 우리들의 관심밖에 있는 참새까지도 지키시는 하나님의 은혜를 의지합니다. 세상을 두려워했던 연약함을 불쌍히 여겨주시고 용서해주시옵소서. 하나님의 은혜 가운데 있게 하셨으니 이제는 세상을 향하던 눈을 하나님께로 돌릴 수 있도록 도와주시옵소서. 오늘도 영원한 하나님의 나라를 소망하며 성령님의 도우심으로 예수 그리스도의 영광을 찬양하며 전하는 하루가 되도록 도와주시옵소서.

≫ 뜻 나눔

내 친구 - 예수님이 친히 우리들을 친구라고 말씀하셨다.

38. 12:13-34

너희는 그의 나라를 구하라

:: 말씀 나눔

재물에 마음을 빼앗긴 한 사람이 예수님을 찾아와 형으로부터 유산을 받을 수 있도록 도와달라는 부탁을 한다. 예수님은 유산을 취하여 부자가 되기를 원하는 이 사람에게 한 부자의 이야기를 들려주시며 우리들의 우선순위가 무엇이 되어야 하는지 알도록 하신다. 비유는 다음과 같다. 한 부자가 있는데 자기의 밭에 소출이 풍성하여 곡식을 쌓아 둘 곳이 없어 고민을 한다. 한참을 고민한 부자는 현재 가지고 있는 곳간을 헐고 더 크게 지어 곡식과 물건을 그곳에 쌓아두기로 결정한다. 그리고 이제는 소유가 넉넉하니 평안히 쉬면서 먹고 마시고 즐거워하리라 생각한다. 부자는 소유가 넉넉했기에 아무런 걱정이 없이 평안히 살 수 있을 것이라고 생각했다. 우리가 갖는 보편적인 생각이다. 하나님은 그런 부자를 향하여 어리석은 사람이라고 말씀하신다. 생명은 하나님께 속하였으니, 하나님께서 오늘 밤에라도 그 사람의 생명을 데리고 가시면 쌓아 둔 재물은 그에게 아무런 소용이 없기 때문이다.

연이어 예수님은 목숨을 위하여 무엇을 먹을까. 몸을 위하여 무엇을 입을까. 염려하는 우리들에게 "믿음이 작은 자들아" 말씀하신다. 까마귀는 목숨을 위하여 심지도 아니하고 거두지도 아니한다. 골방도 없고 창고도 없지만 하나님께서 돌보아 주시기에 필요에 따라 채워지게 된다. 백합화는 몸을 위하여 실도 만들지 않고 짜지도 않는다. 그러나 최고의 영화를 누렸던 솔로몬의 옷도 백합화만큼 훌륭하지 못하였다. 오늘 존재하지만 내일이면 아궁이에 던져질 백합화도 하나님께서 입히신다. 그렇다면 하나님의 사랑을 입은 우리들은 어떠한가. 우리는 하나님의 영광의 자리에 불린 자들이다. 까마귀와 비교할 수 없고, 들의 백합화와 비교할 수 없는 보배로운 존재이다.

하나님께서 우리를 영광의 자리로 부르셨다. 그리고 "너희는 그의 나라를 구하라" 말씀하셨다. 우리를 제자로 삼으신 것이다. 하나님께서 한 부자에게 어리석은 자라고 말씀하셨던 이유는 제자도의 삶을 살지 못하였기 때문이다. 그는 평안히 쉬고 먹고 마시고 즐거워하기 위하여 재물을 쌓아 두었다. 내일 일을 염려하여 곳간을 헐고 더 크게 짓는 것이 그의 목적이었다. 제자의 삶은 내일을 염려하여 재물을 쌓아두지 않는다. 제자의 삶은 나의 소유를 팔아 어려운 사람들을 구제하는 것이다. 제자의 삶은 하나님의 나라를 소망하여 구하며, 나의 보물을 하늘나라에 쌓는 것이다. 우리를 부르신 하나님은 우리에게 있어야 할 것을 다 아시고 때를 따라 허락하시는 분이다.

:: 묵상 나눔

우리는 "미래"라고 하는 아직 만나지 않은 시간을 준비하며 오늘을 살아갑니다. 우리에게 내일이라는 시간이 없다면, 오늘 열심을 내는 마음도, 오늘 최선을 다하는 열정도 어쩌면 언제나처럼 동일하지 않을 것입니다. 그러니 아직 만나지 않은 미래의 시간은 오늘 우리에게 다시 일어설 수 있는 동기를 부여해 줍니다. 그런데 우리의 미래는 영원하지 않습니다. 어느 한 시점에서 멈추게 되는 인생이요, 호세아 선지자의 표현처럼 사라지는 이슬과 같은 인생입니다. 짧은 우리들의 시간, 언젠가는 멈추게 될 우리들의 시간입니다. 우리의 시간과는 다르게 하나님의 시간은 영원부터 영원까지 무한의 시간입니다. 그러니 하나님은 영원하지 않은 미래의 시간을 위해 재물을 쌓아두고 있는 부자에게 어리석은 자라고 말씀하셨습니다. 영원한 하나님의 나라를 준비하지 않고 쉬 사라지는 인생을 위해 재물을 쌓아둔 까닭입니다. 하나님의 나라를 바라보며 살아가는 우리들은 하나님의 나라에 보물을 쌓아두어야 합니다. 그럴 때 세상을 바라보지 않고 하나님의 나라를 바라보며 살게 됩니다.

:: 기도 나눔

영원부터 영원까지 주인이신 하나님 아버지, 우리들의 마음속에 영원하신 하나님의 나라를 사모하는 마음을 주시옵소서. 잠시 머무르는 세상에 마음을 두지 않고 영원하신 하나님의 나라를 구하며 오늘을 살아가게 하옵소서. 삶의 우선순위를 잊지 않고 제자로서의 삶을 잘 살아낼 수 있도록 도와주시옵소서.

≫ 뜻 나눔

그의 나라를 구하라 - 하나님의 나라를 추구하라

39. 12:35-48

깨어 지혜롭고 진실한 청지기로 준비하고 있으라

:: 말씀 나눔

하나님께서 우리들에게 요구하시는 것은 그의 나라, 하나님의 나라를 구하는 것이다. 하나님의 나라를 구하는 것은 어떤 의미인가. 하나님의 나라는 우리에게 허리에 띠를 띠게 하고 등불을 켜도록 한다. 허리에 띠를 띠었다는 것은 옷을 갖추어 입고 있음으로 바로 행동을 할 수 있는 상황이다. 이는 주인이 종을 필요로 할 때 조금도 지체하지 않고 바로 주인의 요구에 응답을 할 수 있게 된다. 등불은 어둠을 환하게 밝혀 주는 도구가 된다. 주인이 어느 날, 어느 시간에 돌아올지 모른다. 그러기에 종이 켜둔 등불은 주인이 어느 날 어느 시간이든지 들어오는 그 길을 환하게 밝혀 주인의 마음을 기쁘게 할 수 있다.

허리에 띠를 띠고 있는 것도 등불을 켜두고 있는 것도 불시에 만나게 될 모든 상황을 준비하는 것이다. 예수님은 하나님의 나라를 구하는 제자들에게 항상 깨어 있으라고 말씀하신다. 항상 깨어 있어 주인을 맞는 종에게 따르는 복이 있다. 마땅히 주인을 위한 자리에 있어야 할 종에게 주인이 오히려 띠를 띠고 그 종을 주인의 자리에 앉히고 나아와 수종을 들어주신다는 것이다. 주인이 종의 자리로 내려가 종을 섬겨주는 것이다. 또한 이경(밤중)에나 삼경(새벽)에 이르기까지도 깨어있는 종들에게도 복이 있다고 말씀하신다. 그들은 깨어 있었기에 주인을 맞이할 수 있는 기쁨을 누린다. 주인의 얼굴을 볼 수 있는 특권, 주인으로부터 칭찬을 받는 기쁨, 주인에게 인정을 받는 영광을 맛보게 된다.

예수님께서 깨어 있는 자들에게 원하시는 마음의 자세는 무엇인가. 지혜 있고 진실한 청지기가 되기를 바라신다. 지혜로운 자는 자기의 자리를 알고 늘 최선을 다한다. 게으르지 않고 불평하지 않고 주어진 일들에 성실과 감사로 감당한다. 진실한 청지기는 주인의 소유를 관리하는데 악한 생각을 하지 않는다. 주인의 소유가 더 많은 이익을 가지고 올 수 있도록 최선을 다한다. 지혜롭고 진실한 청지기는 주인이 더디 오리라는 생각을 하지 않는다. 설령 생각하지 않은 날 알지 못하는 시각에 주인이 온다고 해도 부끄럽지 않는 종의 일상이다. 하나님은 우리를 제자로 삼아주셨다. 제자인 우리에게 하나님의 뜻을 알 수 있는 은혜도 주셨다. 종인 우리들은 마땅히 생각할 그 이상의 생각을 품지 말고 신실한 마음으로 각자에게 맡겨진 일에 최선을 다하면 종으로서는 누릴 수 없는 영광을 누리게 된다.

:: 묵상 나눔

예수님은 우리들에게 깨어 있으라 말씀하셨습니다. 지혜롭고 진실한 청지기가 되어라 말씀하셨습니다. 우리는 예수님께서 어느 날 어느 때에 오시는지 알지 못합니다. 깨어있지 않으면 우리는 주님이 다시 오실 그 때에 부끄러운 종의 모습이 될 수 있습니다. 지혜롭지 못하고 진실하지 못한 청지기로 오늘을 살아간다면 주님 뵈올 때 얼굴을 들 수 없는 종이 될 수 있습니다. 물론 우리는 연약한 종들이기에 완전한 모습으로 살아갈 수 없습니다. 우리의 모든 시간을 주인이 기뻐하는 모습으로 살아갈 수 없습니다. 우리를 너무나 잘 아시는 하나님이시기에 우리들에게 성령님을 보내 주셨습니다. 나는 할 수 없지만 성령님은 우리들에게 깨닫게 하시고 감당할 수 있도록 능력을 주십니다. 성령님은 우리에게 지혜를 더하여 주시고, 진실한 청지기의 삶이 어떤 삶인지 알도록 도와주십니다. 성령님의 도우심으로 깨어 있어 어느 때일지 모르는 주님의 재림을 기쁨으로 맞이하는 종이 되어야 합니다.

:: 기도 나눔

은혜로우신 하나님 아버지, 예수님의 말씀이 저의 마음속에 잔잔한 울림이 되게 해 주셔서 감사합니다. 주님께서 제자로 삼아주셔서 그 은혜를 알게 하시니 감사합니다. 주님 맡기신 모든 일들을 신실한 마음으로 감당할 수 있도록 성령님 도와주시옵소서. 깨어 있어 주님 오심을 감사함으로 맞이할 수 있도록 도와주시옵소서. 지혜롭고 진실한 청지기가 되어 주님 만나는 그 때에 부끄럽지 않는 종이 되게 해주시옵소서.

≫ 뜻 나눔

예수님의 재림은 우리들이 생각하지 않은 날 우리들이 알지 못하는 시간에 찾아올 것이다. 그 때를 위하여 오늘 깨어 준비하는 우리들이 되어야 한다.

40. 12:49-59

시대를 분간하는 자의 삶

:: 말씀 나눔

예수님은 늘 연약한 자들과 함께 하시고, 곤고한 자들에게 위로를 주셨으며, 희망으로 한 걸음 나아가도록 하셨다. 화평의 왕으로 이 땅에 오신 예수님의 행보다. 그런데 오늘 본문에서 예수님은 "내가 불을 땅에 던지러 왔노라" 말씀하신다. 불은 모든 것을 태워버림으로 세상에서 가치 있다고 말하는 것이 얼마나 부족한지를 알게 한다. 불(분쟁)을 견디는 것이 무엇인지 무엇이 불(분쟁)을 견딜 수 있는지 알 수 있다. 불(분쟁)을 만나면 아무리 단단한 가족이라고 해도 깨어져 버리게 된다. 아버지와 아들이 권력으로 깨지게 된다. 어머니와 딸이 물질로 깨지게 된다. 시어머니와 며느리가 욕심 때문에 관계가 깨지게 된다. 하나님의 날을 추구하는 사람과 세상의 것을 추구하는 사람은 삶의 목표가 다르다. 육체의 소욕은 성령을 거스르고 성령은 육체를 거스르기에 결코 하나가 될 수 없다. 예수님은 육체의 소욕을 따르는 세상에 불을 던짐으로 이러한 세상과 타협하지 않는 거룩한 백성이 되기를 바라신다.

바람이 지중해로부터 시작이 되어 구름을 몰아오면 사람들은 분명히 비가 내릴 것을 예측한다. 예측한대로 비가 내린다. 바람이 남쪽 뜨거운 사막으로부터 시작하여 불어오면 사람들은 몹시 더운 날씨를 추측하게 된다. 추측한대로 역시 매우 더운 날씨를 만나게 된다. 사람들은 이런 기후변화를 보면서 날씨 변화에 대비를 한다. 예수님은 천지의 기상은 분간하여 대비하면서 시대는 분간하지 못하고 있는 무리들을 외식하는 자라고 표현하신다. 시대의 소리를 분간하는 자라면 회개의 합당한 열매를 맺지 않을 수 없기 때문이다.

시대를 분간하였다면 이제는 옳은 일을 스스로 판단하여 행하여야 한다. 예수님은 채무 문제와 관련하여 이웃들과 해결되지 않는 문제들이 있다면 바르게 잘 처리할 것을 말씀하신다. 만약 빌린 돈을 갚지 못하여 재판장에게 넘어가게 되면 감옥에 갇히게 될 것이고, 완전히 갚기 전에는 그곳에서 결코 나올 수 없게 된다. 그러니 재판장에게 넘겨지기 전에 고발한 자와 합의를 얻어내야 한다. 빚을 한 푼이라도 남김이 없이 갚지 않은 상황에서 합의를 얻어내는 것이 쉬운 일은 아니다. 빚을 갚는 것도 어려운 일이요, 시대를 분간하는 것도 매우 어려운 일이다. 그러나 하나님의 심판을 기억하여 간절하고 절박한 심정으로 어그러진 모든 상황에 화해하기를 힘써야 한다.

:: 묵상 나눔

이 세상은 가치 있는 것을 결코 만들어 낼 수 없습니다. 오히려 세상은 내가 살아남기 위하여 가치 있는 소중한 것들을 버리도록 합니다. 하나님의 나라는 세상과 다릅니다. 모든 것들에 특별한 의미가 있고, 소중한 존재입니다. 세상은 분쟁이 한번 일어나면 아무리 든든하고 단단한 공동체라고 해도 쉽게 무너지고 맙니다. 그러나 하나님의 나라는 어떤 어둠도 근접할 수 없는 평화가 있습니다. 영원하지 않은 세상의 것들을 분별하게 합니다. 모든 육체가 풀이요 들의 꽃과 같은 것처럼 세상도 때가 되면 사라지게 됩니다. 이와는 다르게 하나님의 나라는 영원합니다. 모든 것들이 의미가 부여되고, 가치가 부여되어 아름다운 존재로 영원하게 합니다. 기후 변화를 보면서 날씨에 대비하지 않는 사람은 어리석은 사람입니다. 시대를 분간하면서 여전히 옳은 일을 따르지 않는 사람은 어리석은 사람입니다. 어느 순간 사라져버릴 세상에 여전히 마음을 두는 사람도 어리석은 사람입니다. 우리는 영원히 변하지 않는 하나님의 나라에 마음을 두고 지혜로운 자, 진실한 자가 되어야 합니다. 오늘도 생명의 근원이 되는 마음을 잘 지킬 수 있도록 은혜를 구하는 하루입니다.

:: 기도 나눔

긍휼을 베풀어 주시는 하나님 아버지, 하나님의 나라를 사모하여 흔들리지 않는 능력의 삶을 살아가기를 소망합니다. 오직 하나님만 온전히 신뢰하며 심지가 견고한 자 되도록 지켜주시옵소서. 사망의 음침한 골짜기를 지나가는 그 순간에도 주님의 사랑으로 힘을 내게 하시고, 넘어져 일어날 수 없을 것 같은 상황 속에서도 성령님의 이끌림으로 다시 일어날 수 있는 은혜의 삶이 되도록 도와주시옵소서.

≫ 뜻 나눔

하나님의 나라를 바라보는 자들은 분쟁이라는 험한 산을 꼭 만나게 된다.

41. 13:1-9

열매를 맺는 삶

:: 말씀 나눔

빌라도는 당시 로마의 황제였던 티베리우스로부터 유대 총독의 자리를 얻게 된다. 이일로 빌라도는 황제 티베리우스의 마음을 사고, 그를 기쁘게 하고자 했고, 그 지역을 평정하여 정치적 야심을 이루고자 힘을 쓴다. 그러한 때 갈릴리의 순례자들이 예루살렘 성전에서 희생제물을 바치려고 한다는 소식을 듣고, 빌라도는 순례자들 가운데 몇 명을 학살하여 그 피를 순례자들이 바치는 제물에 섞어버린다. 순례자들의 소요를 막고자 한 것이다. 실로암 망대는 예루살렘 성벽의 남동쪽에 있었던 저수지의 이름이다. 이 실로암 망대가 무너져 열여덟 명의 사람이 죽게 된다. 갈릴리 순례자들의 죽음과 실로암 망대에서의 죽음, 예수님은 이 두 가지의 사건을 통하여 그들의 죽음은 다른 사람들보다 죄가 더 있기 때문에 죽임을 당한 것이 아니요, 회개하지 않는 자는 누구라도 이와 같이 망하게 될 것이라고 말씀하신다.

포도원 주인은 포도원에 심어놓은 무화과나무가 열매를 맺지 못하고 있는 것이 아쉽다. 세 해를 기다렸음에도 여전히 열매를 맺지 못하고 있으니 속상한 주인은 포도원지기에게 무화과나무를 찍어버리라고 한다. 열매를 맺지도 못하면서 포도원의 한 영역을 차지하고 있는 것을 용납하고 싶지 않다. 주인의 말에 포도원지기는 올 한 해만 더 그대로 두기를 간청한다. 무화과나무 주위를 파고 거름을 주어 열매를 맺을 수 있도록 정성을 쏟겠다는 다짐도 한다. 그렇게 하고도 열매를 맺지 못하면 그 때 찍어버리자고 부탁한다.

예수님은 지속하여 회개하지 않는 자들에게 하나님 앞에서 회개할 것을 촉구하신다. 기다려도 열매를 맺지 못하는 무화과나무를 찍어버리자는 주인의 결단에 포도원지기는 한 해를 더 기다려 달라고 말한다. 기다리는 한 해는 진멸의 심판 전에 주시는 마지막 은혜의 유예기간이 된다. 한 해의 시간과 함께 필요한 영양분들을 공급하여 주었음에도 불구하고 여전히 열매를 맺지 못한다면 그 무화과나무는 찍혀 불에 던져지는 상황을 면하지 못하게 될 것이다. 만약 그렇게 된다면 포도원지기의 간절한 마음과 정성은 깊은 한숨으로 남게 될 것이다. 그러나 포도원지기는 무화과나무가 열매를 잘 맺을 수 있도록 최선을 다할 것이다.

:: 묵상 나눔

하나님은 역사를 통하여 우리를 사랑하신다고 말씀하셨고, 그 증거로 예수 그리스도를 이 땅에 보내주셨습니다. 하나님의 우리를 향한 사랑은 조금도 흔들림이 없이 그대로 우리들의 일상에 스며들었습니다. 잔잔한 파고와 같은 하나님의 사랑이기에 우리는 그 사랑을 지속하여 의식하지 못하고 잊어버리기도 합니다. 때로는 변함없이 사랑의 손길을 내밀어 주시는 것을 알고 있기에 등을 돌려 나의 길을 찾아가기도 합니다. 이런 우리들이기에 하나님은 포도원지기와 같은 성령님을 보내주셨습니다. 하나님의 마음을 아시는 성령님은 포도원지기가 되어 묵은 땅과 같은 우리의 마음을 따스한 햇살로 비추어 주십니다. 때에 따라 부드러운 비가 되어 촉촉하게 적시어 줍니다. 이 은혜로 모든 날이 평안할 수 없는 우리들이지만 그럼에도 아름다운 열매를 기대할 수 있습니다. 때로는 따사로운 햇살을 가로막는 어둠의 그늘이 우리를 찾아 올 것입니다. 부드러운 비를 방해하는 세찬 비바람이 우리를 흔들어 댈 것입니다. 그러나 우리에게는 하나님의 마음을 잘 알고 있는 포도원지기와 같은 성령님이 함께 하십니다. 그러니 우리는 보배롭고 존귀한 자들입니다.

:: 기도 나눔

사랑의 하나님 아버지, 어떤 열매도 맺을 수 없는 오늘인데 내일을 기대하며 기다려 주시는 은혜를 감사합니다. 하나님 기뻐하시는 사랑의 열매들을 맺을 수 있도록 도와주시옵소서. 아름다운 생명력을 위하여 존재하고 있다는 것을 알고, 존재하기에 의미를 알고, 의미를 알기에 삶의 목표가 정확하여 흔들리지 않도록 도와주시옵소서.

≫ 뜻 나눔

예루살렘 종교적 축제일 - 이스라엘 백성들이 역사적 사건을 기념하고, 폭정으로부터 해방된 것을 축하하는 절기로 전국 각처에서뿐만(갈릴리 순례자들) 아니라 디아스포라에서 모여든 젊은이들이 소란을 피우며 무질서와 폭력이 발생하는 때이다.

42. 13:10-21

주의 은혜

:: 말씀 나눔

예수님께서 안식일이 되어 회당에서 가르치고 계셨다. 회당 내의 좌석 배치를 보면 회중의 중요 인사는 상석에 앉고 젊은이들은 그 뒤로 앉았으며, 남녀 좌석은 분리되어 있었다. 회당에서 말씀을 가르치시는 예수님의 시야에 뒷전에 앉아 있는 허리가 꼬부라진 한 여자가 들어온다. 이 여자는 열여덟 해 동안이나 마귀의 올무에 붙잡혀 병을 앓고 있다. 이 병마로 허리를 전혀 펼 수가 없는 꼬부라진 형편이 되어버렸다. 예수님은 이 여자를 가까이 부르셔서 "여자여 너는 병에서 풀려났다" 말씀하시고 여자에게 손을 얹어 안수하셨다. 열여덟 해 동안이나 시달리게 했던 귀신이 예수님의 손길에 어떤 반항도 하지 못하고 떠난다. 예수님의 사랑으로 허리가 꼬부라진 여자는 깨끗하게 회복되고, 하나님께 영광을 돌린다.

여자의 몸이 회복되는 상황을 보고 있던 회당장은 예수님께서 안식일에 병을 고치시는 것을 몹시 분하게 여기며, 일을 할 수 있는 날이 엿새나 있으니 그 엿새 동안에 와서 고침을 받고 안식일에는 아무것도 하지 말라며 불평한다. 이러한 이유는 예수님의 병 고치는 사역이 마음에 들지 않은 까닭이다. 예수님은 회당장의 말에 "외식하는 자들아"라고 말씀하신다. 그 이유는 안식일이라 할지라도 회당장들은 그들의 소나 나귀를 외양간에서 풀어 끌고 나가서 물을 먹이는 일을 반복하여 하고 있기 때문이다. 그들의 소유를 위해서는 안식일에도 일을 하면서 고통가운데 있는 생명이 회복되는 일에는 불만을 표하고 있는 그들이다. 예수님은 그들의 위선을 너무나 잘 알고 계셨기에 열여덟 해나 사탄에 매인 여자를 안식일에 낫게 하는 것은 당연한 일이라고 말씀하신다.

하나님의 나라는 어떤 곳일까. 예수님은 두 가지로 비교하여 말씀하신다. 먼저 하나님의 나라는 채소밭에 심은 겨자씨 한 알과 같다. 겨자씨는 씨앗 중에서 가장 작아서 쉽게 보이지 않을 정도이다. 그러나 그 씨앗이 품고 있는 생명력은 메마른 대지를 뚫고 올라와 싹이 나고 자라 나무가 되어 공중의 새들이 보금자리를 만들게 한다. 하나님의 나라는 놀라운 생명력을 가지고 있다. 또 다른 비유를 통한 하나님의 나라는 여자가 가루 서 말 속에 넣어 전부를 부풀게 한 누룩과 같다. 반죽에 들어가는 누룩은 밀가루 양에 비하면 아주 작은 양이다. 그러나 아주 작은 양의 누룩은 반죽 전부를 부풀게 하는 영향력을 가지고 있다. 우리들의 삶에 임한 하나님의 나라는 놀라운 생명력과 영향력을 가지고 있다.

:: 묵상 나눔

예수님께서 안식일에 회당에 들어가셔서 말씀을 읽으셨습니다. 말씀은 "주의 성령이 내게 임하셨으니 이는 가난한 자에게 복음을 전하게 하시려고 내게 기름을 부으시고 나를 보내사 포로 된 자에게 자유를, 눈 먼 자에게 다시 보게 함을 전파하며 눌린 자를 자유하게 하고 주의 은혜의 해를 전파하게 하려 하심이라"는 이사야의 말씀입니다. 예수님은 이 말씀을 읽으시고 "이 글이 오늘 너희 귀에 응하였느니라" 선포하셨습니다. 예수님의 선포는 오늘 우리들의 삶에 능력으로 역사하고 은혜로 살아가도록 합니다. 주의 은혜는 병마로 눌림을 받아 고통스러워하는 한 여자가 자유를 얻게 했습니다. 주의 은혜는 작은 겨자씨 한 알의 생명력으로 공중의 새들이 보금자리를 만들어 생명을 이어가는 은총을 누리게 했습니다. 주의 은혜는 적은 양의 누룩으로 반죽 전부를 부풀도록 한 것과 같은 영향력을 주었습니다. 주의 은혜는 자유를 주고, 생명력을 이어가게 하고, 불완전한 것을 완전하게 하는 은총입니다.

:: 기도 나눔

은혜의 하나님 아버지, 주의 은혜가 임하게 하시어 열여덟 해 동안이나 사탄에게 매인 바 된 여자에게 자유를 주신 그 사랑에 감사합니다. 하나님의 나라의 생명력으로 공중의 새들이 쉴 수 있고 보금자리를 만들어 생명을 잇게 하시니 감사합니다. 불완전한 것들이 새롭게 변할 수 있게 하시고, 은혜의 생명력이 놀라운 능력을 나타내게 하옵소서.

≫ 뜻 나눔

회당 - 모이는 장소, 예배와 교훈의 집. 회당은 성경공부 뿐만 아니라 민사, 형사, 종교상 문제를 판결하는 법정 역할도 함께 했다.

43. 13:22-35

예수님의 일상, 좁은 문

:: 말씀 나눔

예루살렘을 향하여 올라가시는 예수님의 행보다. 여전히 각 성 마을로 다니시면서 가르치실 때 어떤 사람이 예수님께 "구원을 받는 자가 적으니이까" 묻는다. 예수님은 "구원을 받는 자"라는 질문을 받으시고, 듣고 있는 무리에게 말씀하시기를 좁은 문으로 들어가기를 힘쓰라고 하신다. 매일매일 좁은 문으로 들어가는 것과 같은 삶을 살지 않으면 불시에 찾아오시는 주님을 만날 수 없다. 크고 넓은 문으로 들어가는 삶을 살면 주님이 오셔서 문을 닫을 때에 "나는 너를 전혀 알지 못하노라 떠나가라"는 말씀을 하실 것이라고 한다. 아브라함과 이삭과 야곱과 모든 선지자가 하나님의 나라에서 먹고 마실 때 너희는 밖에서 슬피 울며 이를 갈게 될 것이라고 말씀하신다. 좁은 문으로 들어가지 못하고 넓고 큰 길을 찾아 걸어가고 있는 이스라엘 백성. 이방인들은 하나님의 나라 잔치에 참여하는데 하나님의 선민 이스라엘은 오히려 이방인들보다 나중 될 자도 있다고 말씀하신다.

예수님은 우리들에게 좁은 문으로 들어가기를 힘쓰라고 말씀하신다. 좁은 문으로 들어가기를 힘쓰라는 것은 삶을 살아갈 때 쉽고 편한 길을 찾아 살아가는 것이 아니다. 스스로를 복음에 빚진 자라 말하였던 바울 사도는 주님의 몸 된 교회를 위하여 그리스도의 남은 고난을 내 육체에 채우노라 고백한다. 바울 사도가 말한 그리스도의 남은 고난은 무엇일까. 예수 그리스도는 부유한 삶을 따라 살아가지 않으셨다. 권력을 얻고자 한걸음 나가는 것이 아니요, 오히려 섬김을 위하여 한걸음 나가셨다. 육신의 편안함을 따라 안주하지 아니하시고, 하나님의 영광을 이루시기 위하여 머리 둘 곳 없는 길을 선택하셨다. 누구보다 하나님의 뜻을 이루셨으나 여전히 새벽미명 무릎으로 은혜를 바라는 겸손함을 이루어 가셨다.

어떤 바리새인이 나아와 헤롯이 예수님을 죽이려는 것을 전한다. 바리새인의 말을 들은 예수님은 헤롯을 여우에 빗대어 말씀하시며, 하나님의 뜻을 다 이루기까지 그 누구라도 예수님의 길을 막을 수 없다고 하신다. 예루살렘은 모든 유대인들의 삶에 심장부와 같다. 유대인들에게 있어 모태와 같은 곳이다. 하나님은 그러한 예루살렘에게 암탉이 제 새끼를 날개 아래에 모음 같이 지속하여 손을 내미셨고, 깨닫기를 원하셨고, 그 은혜의 품 안으로 들어오기를 기다리셨다. 그러나 그들은 하나님의 사랑을 받아들이지 않았다. 오히려 하나님께서 보낸 자들을 죽였으며, 이제는 예수님도 죽음에 이르게 할 것이다.

:: 묵상 나눔

“좁은 문으로 들어가기를 힘쓰라” 예수님의 말씀입니다. 좁은 문의 의미를 해석함에 있어 모두가 동일하지는 않을 것입니다. 그러니 우리들의 삶에 가장 모본이 되시는 예수님의 일상을 들여다보겠습니다. 예수님은 새벽 아직도 밝기 전에 한적한 곳으로 가셔서 기도하셨습니다. 하나님의 은혜를 구하시는 예수님이십니다. 병자를 보시고 불쌍히 여기셨습니다. 마음과 몸이 연약한 자들을 보시고 온 마음으로 아파하시는 예수님이십니다. 가족을 잃고, 벗을 잃어 슬픔 가운데서 눈물 흘리는 사람들을 보시고 심령이 비통히 여기십니다. 이웃들의 눈물을 외면하지 않으시고 그들의 눈물처럼 함께 우시는 예수님이십니다. 좁은 문의 영광을 알고 계시기에 형식에 치중하고 있는 종교지도자들의 외식을 안타까워하십니다. 좁은 문은 나를 위하여 살아가는 것이 아닙니다. 나와 상관이 없는 사람들의 아픔을 위로하기 위하여 힘을 다하는 것입니다. 좁은 문은 하나님을 기쁘시게 하는 길입니다.

:: 기도 나눔

자비로우신 아버지 하나님, 크고 넓은 길만을 찾아 헤매는 모습을 보게 하시니 감사합니다. 예수님의 일상을 보며 제가 놓치고 있는 것이 무엇인지 다시 생각하게 하시니 감사합니다. 질그릇과 같은 저를 보배로운 자로 세워주신 하나님의 영광을 위하여 살기를 소망하오니, 성령님 도우셔서 예수님의 일상이 저의 일상이 되도록 도와주시옵소서.

≫ 뜻 나눔

헤롯 - 헤롯 대왕의 아들 헤롯 안티파스, 주전 4년부터 주후 39년까지 갈릴리와 베뢰아의 분봉왕

44. 14:1-14

잔치 자리

:: 말씀 나눔

안식일이다. 예수님은 바리새인 지도자의 집에 식사를 하기 위하여 들어가신다. 예수님의 일거수일투족에 관심을 보이는 사람들은 드러나지 않게 숨어 있어 모든 상황을 지켜보고 있다. 모두의 관심을 받고 있는 예수님.. 그 앞에 수종병 든 한 사람이 있다. 예수님의 마음은 이미 수종병으로 고생하는 사람을 치료해 주셨다. 그러나 보이는 것에 집착하는 종교지도자들에게 안식일에 병을 고쳐주는 것이 맞는 것인지 맞지 않는 것인지 질문을 던지신다. 누구도 대답을 하지 않을 때 예수님은 수종병 든 사람을 자유 하도록 고쳐 주신다. 예수님은 그들에게 너희 중에 누가 아들이나 소가 우물에 빠지면 어떻게 하겠느냐 다시 물으신다. 누구도 예수님의 물음에 답을 하지 못한다.

잔치에 초대를 받은 사람이 앉고자 하는 자리를 찾고 있다. 어느 곳에 앉을까 고민할 때에 예수님은 높은 자리를 찾아 앉지 말고 낮은 자리를 찾아 앉으라고 말씀하신다. 내가 높은 자리를 선택하여 앉아 있는데 나보다 더 높은 사람이 와서 자리를 양보해야 한다면 부끄러운 상황이 펼쳐지기 때문이다. 이와는 다르게 내가 낮은 자리에 앉아 있다. 그때 초대한 사람이 나에게 와서 높은 자리에 앉을 것을 권하면 어떻게 되는가. 그때에는 그곳에 있는 모든 사람들 앞에서 나는 영광을 입게 된다. 내가 높아지고 싶고 인정받고 싶어 아무리 노력을 해도 결코 높아질 수 없다. 내가 나를 높이려 할 때 하나님은 오히려 나를 낮추신다. 그러나 내가 낮아지고 겸손하게 행할 때 하나님은 나를 높이시고 세워주실 것이다. 나를 높이시는 분은 오직 하나님이시다.

예수님은 잔치를 베푼 사람에게도 말씀하신다. 누구나 잔치를 베풀 때 지위가 높은 사람, 명성이 있는 사람, 나보다 나은 위치에 있는 사람을 초대하고자 한다. 잔치자리에 초대를 받은 사람들로 인하여 빛나기를 바라는 마음이다. 그러나 예수님은 형제나, 친척이나, 부한 이웃을 초대하지 말 것을 말씀하신다. 오히려 가난한 자들과 몸 불편한 자들과 저는 자들과 맹인들을 청하기를 요구하신다. 부한 자들은 잔치를 열 수 있는 형편에 있다. 그러니 그들이 잔치를 베풀 때에 초대를 받게 되면 그들로부터 보상을 받으므로 더 큰 상을 주시는 하나님께 보상을 받을 수 없다. 그러나 잔치를 베풀 수 없는 형편에 있는 사람들에게는 보상을 받을 수 없기에 부활할 때에 하나님께로부터 보상을 받게 된다.

:: 묵상 나눔

"무릇 자기를 높이는 자는 낮아지고 자기를 낮추는 자는 높아지리라" 우리들이 누누이 들어온 말씀입니다. 잘 알고 익숙한 말씀이지만 여전히 우리들의 마음을 자유롭지 못하게 합니다. 높아지기를 원하고, 높은 자리에 앉기를 원하는 마음은 어쩌면 인생을 살아가는 내내 마음 한편에 자리할 것입니다. 스스로 높이고자 하는 것은 교만이요, 스스로 낮아지는 것은 겸손을 의미합니다. 교만은 하나님의 자리를 인정하지 않는 것이요, 겸손은 하나님의 자리를 온전히 인정하는 것입니다. 교만은 가난한 자의 주인을 주님으로 보지 않는 것이요, 겸손은 가난하고 힘이 없는 자들의 주인을 주님으로 보는 것입니다. 교만은 스스로 하나님의 긍휼을 필요로 하지 않는 사람이요, 겸손은 스스로 하나님의 긍휼을 필요로 하는 사람입니다. 하나님의 은혜와 긍휼을 절대적으로 의지하는 사람은 세상에 존재하는 모든 생명을 존중하게 됩니다. 이러한 마음이 우리를 향하신 하나님의 마음입니다.

:: 기도 나눔

삶의 주인이 되시는 하나님 아버지, 질그릇과 같은 저를 보배롭고, 존귀한 자녀로 삼아주셔서 감사합니다. 긍휼을 베풀어 주신 하나님의 은혜입니다. 하나님, 하나님의 은혜로 보배로운 자 되었으나 여전히 깨어지기 쉬운 질그릇입니다. 존귀한 자이나 여전히 영적인 긍휼함을 필요로 하는 질그릇입니다. 예수 안에서 하나님의 자녀가 된 것으로 충분하게 하셔서 겸손한 삶을 살아가게 하옵소서. 예수 안에서 하나님을 아버지라 부르는 놀라운 신비를 알도록 하셨기에 스스로를 높이는 부끄러운 자가 되지 않게 하옵소서.

≫ 뜻 나눔

네가 갚음을 받겠음이라 - 하나님이 갚으실 것임이라

45, 14:15-24

하나님 나라의 잔치자리

:: 말씀 나눔

예수님께서 한 바리새인 지도자의 집에 떡 잡수시러 들어가셔서 나누는 대화가 계속되고 있다. 예수님께서 안식일에 병을 고치시는 것도 불만인데 계속하여 초대를 받거든 높은 자리에 앉지 말고 낮은 자리에 앉으라 말씀하신다. 또한 잔치를 베풀 때는 갚을 수 없는 연약한 자들을 초대하라고 말씀하신다. 율법을 지키며 잘 살고 있다고 자부하는 바리새인들은 예수님의 말씀에 마음이 매우 불편하다. 이에 함께 먹는 사람 중의 한명이 "하나님의 나라에서 떡을 먹는 자는 복되도다" 말한다. 이 말을 하는 까닭은 하나님의 나라에서 잔치를 베풀 때 바리새인들은 분명히 잔치를 베푸는 하나님 나라에 있을 것인데 왜 그런 말씀을 하십니까 하는 의도를 가지고 답하는 것이다.

바리새인들의 저변에 깔린 생각을 아시는 예수님은 잔치를 베푼 자와 초대에 반응하는 자들을 비교하여 말씀하신다. 잔치를 베푼 사람은 잔치 시간이 되어 초대하였던 사람들에게 종을 보낸다. 잔치의 모든 것이 준비되었으니 오셔서 잔치자리를 빛내주기를 바라는 것이다. 그러나 주인의 기대와는 전혀 다른 반응들이 나타나고 있다. 초대를 받은 한 사람은 밭을 사서 나가봐야 한다고 전한다. 또 다른 한 사람은 소 다섯 겨리를 샀기 때문에 소들을 시험하기 위해 나가봐야 한다며 거절한다. 또 한 사람은 장가를 들었기에 잔치에 참석하지 못하겠노라 거절을 한다. 초대를 한 사람은 존경의 마음을 담아 친히 종을 보냈으나 청함을 받은 사람들은 무례한 태도로 거절을 하고 있다.

종은 돌아와 초대를 받은 사람들의 반응을 주인에게 전한다. 종의 보고를 들은 주인은 화를 내며 그의 시선을 소외 된 사람들에게 돌려 빨리 시내의 거리와 골목으로 나가 가난한 자들과 몸 불편한 자들과 맹인들과 저는 자들을 데려오라는 명을 한다. 종은 빠르게 움직인다. 전혀 기대하지 않았기에 준비도 되어있지 않은 사람들을 잔치에 초대하여 데려온다. 그러나 아직도 자리가 채워지지 않자 주인은 길과 산울타리로 가서 사람들을 강권하여 집을 채우라고 말한다. 잔치자리를 준비한 주인은 처음에 의도한 바대로 순조롭지는 않았다. 그럼에도 주인은 포기하지 않았다. 오히려 생각과 방법을 바꾸어 준비한 잔치자리를 채웠다.

:: 묵상 나눔

예수님은 하나님의 나라에서 떡을 먹을 것이라 확신하는 바리새인의 말에 "전에 청하였던 그 사람들은 하나도 내 잔치를 맛보지 못하리라" 말씀하십니다. 누구보다도 율법을 사랑하고 율법에 그들의 삶을 맞추며 살아가지만 하나님은 그들의 삶의 자리를 기뻐하지 않으십니다. 무엇이 그들로 하여금 하나님의 뜻에서 멀어지게 했을까요. 무엇이 그들의 마음과 생각을 허탄한 것에 빼앗기도록 했을까요. 하나님은 첫 사람 아담이 하나님의 마음과 함께 하기를 원하셨습니다. 하나님께서 만드신 완벽한 세상을 보며 아담과 하와가 그 은혜와 능력을 누리기를 원하셨습니다. 그런데 어느 사이 그들의 삶에 하나님과 분리된 세상이 보여지기 시작합니다. 하나님과 단절 된 그들만의 세상을 마음에 품게 됩니다. 아담과 하와는 어느 사이에 그렇게 변합니다. 바리새인들도 그렇습니다. 처음에는 하나님의 뜻을 그들의 삶 중심에 두었습니다. 거룩하신 하나님 앞에 두렵고 떨리는 마음이었습니다. 그런데 어느 사이 그들의 마음이 하나님의 뜻을 떠납니다. 어느 사이에..

:: 기도 나눔

하나님 아버지, 참 아름다운 세상입니다. 우리의 시야를 가득 채우는 자연이 그러하고, 자연 안에 꿈틀거리는 생명력이 그러하고, 그 모든 것을 주관하시는 하나님의 은혜가 그러합니다. 하나님 감사합니다. 하나님, 하나님의 은혜가 단절된 일상이 되지 않도록 도와주시옵소서. 세상의 방법이 하나님의 능력보다 우선이 되지 않도록 도와주시옵소서. 세상의 영광이 하나님의 영광을 앞서지 않도록 도와주시옵소서. 어느 사이 찾아오는 죄악이 저의 마음에 자리하지 않도록 도와주시옵소서.

≫ 뜻 나눔

내가 너희에게 말하노니 - 예수님께서 바리새인을 대상으로 말씀하심

46. 14:25-35

제자가 되는 길

:: 말씀 나눔

늘 그러하듯이 많은 무리는 예수님의 행보에 관심을 가지고 있다. 오늘도 주님과 함께 하기를 바라며 찾아 온 수많은 무리들이 예수님과 동행한다. 오늘 본문에서 예수님은 따르는 무리들을 향하여 부모와 처자와 형제와 자매와 자기 목숨을 미워하지 아니하면 예수님의 제자가 될 수 없다고 말씀하신다. 예수님과 함께 하는 것만으로는 제자가 될 수 없다. 가장 가까이 있는 사랑하는 이들을 예수님의 뒤편에 두었을 때 비로소 제자가 될 수 있다. 나의 십자가를 감당할 때 예수님의 제자가 될 수 있다. 예수님과 동일한 방향을 향하여 걷는 것도 매우 중요하다. 예수님이 함께 하시는 무리 속에 있는 것도 아주 소중하다. 그러나 무엇보다 중요한 것은 예수님보다 사랑하는 것이 없을 때 비로소 예수님의 제자가 될 수 있다.

망대를 세우려면 먼저 중요한 것은 소요될 비용을 알아보아야 한다. 망대가 아무리 필요하고 중요하다고 해도 세울 수 있는 비용이 충분하지 않을 때 일을 시작한 후 중단해버리면 보는 모든 사람들의 비웃음거리가 되고 만다. 한 나라의 왕이 있다. 왕은 나라를 지키고 백성을 보호해야 할 의무가 있다. 그러니 전쟁이 일어나게 되면 왕은 가장 먼저 자기가 보유한 군사력을 정확하게 알고 적군의 군사력을 파악해야 한다. 나의 군사력이 적군을 물리칠 수 없는 상황이라면 적군이 멀리 있을 때 화친하여 전쟁을 피하여야 한다. 내가 하고자 하는 일을 이루기 위해 무엇을 준비해야 하는지 먼저 알아야 한다. 예수님의 제자가 되기 위해 내가 버려야 할 것, 내가 취해야 할 것을 정확하게 알고 행해야한다.

예수님은 제자들에게 세상의 소금이라고 말씀하셨다. 소금은 음식이 맛을 내는데 있어 가장 기본으로 사용되는 재료다. 아무리 신선하고 좋은 재료라고 해도 적당량의 소금이 들어가지 않으면 음식의 맛을 결코 낼 수 없다. 또한 소금은 부패하는 것을 막는다. 음식물이 상하지 않도록 하려면 반드시 소금을 사용해야 한다. 그런데 소금이 그 맛을 잃으면 어떻게 될까. 아무 곳에도 사용할 수 없게 된다. 음식은 물론이거니와 땅에도, 거름에도 필요로 하지 않는다. 소금으로서 가치가 사라진 것이다. 예수님은 제자가 되기를 원하는 사람들의 삶을 소금에 비유하셨다. 소금이 그 맛을 잃으면 어느 곳에서도 의미가 없는 것처럼 세상의 것을 예수님보다 앞세우는 자는 제자가 될 수 없다.

:: 묵상 나눔

소금은 반드시 녹아져야 그 효능이 나타나게 됩니다. 소금 덩어리가 녹지 않고 그대로 있다면 아무리 좋은 조건을 가지고 있어도 그 어떤 영향력도 없습니다. 예수님은 따르는 자들에게 누구든지 자기의 소유를 버리지 아니하면 예수님의 제자가 될 수 없다고 말씀하셨습니다. 소금이 녹아져야 하는 것처럼 자기의 소유를 버려야지만 제자가 될 수 있다는 주님의 말씀입니다. 자기의 소유를 버린다는 것은 세상의 것을 사랑하지 않는 것입니다. 세상의 것을 사랑하면서 결코 하나님을 사랑할 수 없습니다. 세상은 끊임없이 나를 중심으로 살아가게 하고, 시선을 세상으로 향하게 합니다. 그러니 예수님의 제자가 될 수 없습니다. 예수님의 제자는 시선을 아래가 아닌 위로 향하도록 하여 하나님의 선하시고 기뻐하시고 온전하신 뜻이 무엇인지 알아야 합니다. 그 뜻을 이루기 위하여 늘 겸손한 마음을 가지고 은혜의 보좌 앞으로 나아가야 합니다,

:: 기도 나눔

사랑으로 보살펴 주시는 하나님 아버지, 예수님의 제자로 삼아주셔서 감사합니다. 세상의 것을 바라보지 않고 하나님의 은혜를 바라보며 한걸음 걸어가도록 인도 하시니 감사합니다. 하나님, 제가 가장 바라고 원하는 것 하나님의 뜻을 이루는 것이 되게 하옵소서. 제가 가장 사랑하는 것 하나님의 기쁨이 되게 하옵소서. 제가 살아가는 이유 하나님의 영광이 되기 위함이게 하옵소서. 소금이 맛을 내기 위하여 녹아지고, 부패를 막기 위하여 부서져야 하는 것처럼 하나님의 뜻을 이루기 위하여 세상의 소유를 온전히 버릴 수 있도록 도와주시옵소서.

≫ **뜻 나눔**

"미워하지 아니하면" - 마태복음에서는 "더 사랑하다"로 표현

47. 15:11-32

하나님의 조건 없는 사랑

:: 말씀 나눔

잃은 양을 찾은 목자, 잃은 드라크마를 찾은 여인, 잃은 아들을 찾은 아버지의 이야기가 연이어 나오고 있다. 세 가지의 비유는 모두 무엇인가를 잃어버렸고, 그 잃어버린 것을 찾게 되었고, 찾음으로 즐거워하고 기뻐하는 내용이다. 이 비유들이 동일하게 대미를 장식하는 것은 "회개하면"이다. 그리고 이 "회개"는 하나님의 기쁨과 연결이 된다. 죄인을 만나고 그들과 함께 음식을 먹는 예수님의 움직임은 서기관과 바리새인들의 비위에 거슬린다. 서기관과 바리새인들의 불만이 예수님께 여과 없이 전달되어지자 예수님은 하나님께서 우리들에게 진정으로 원하시는 것이 무엇인지 일깨워 주신다.

어떤 사람에게 두 아들이 있는데 어느 날 둘째 아들이 아버지의 재산 중 자기에게 돌아올 유산을 지금 나눠주기를 청한다. 아버지는 아들의 선택을 받아들여 그의 분깃을 준다. 넉넉한 재물을 소유한 아들은 아버지를 떠나 먼 나라에 가서 자유를 누린다. 아들이 선택한 자유는 낭비였고, 낭비는 더 이상 어떤 생산도 할 수 없는 형편에 이르게 한다. 스스로의 선택에 대한 책임을 더 이상 질 수 없었던 아들은 변함이 없는 마음으로 자기를 사랑하는 아버지를 생각한다. 아버지가 있는 곳은 비록 아들로서의 자리는 없을지라도 품꾼으로서의 자리는 있을 것이라고 생각한 것이다. 그의 선택에 승복한 것이다. 둘째 아들은 비록 낭비하는 시간이 있었다. 그러나 자신의 자리를 보았고, 아버지의 자리를 보았다. 그리고 아들이라 일컬음을 감당하지 못하겠다는 마음으로 아버지 앞에서 죄를 뉘우치며 회개한다.

잃은 양을 찾은 비유를 통하여 자기의 자리를 이탈하지 않고 성실함을 보여 주었던 아흔아홉 마리의 양이 있다. 잃은 드라크마 비유에서는 주인의 손을 떠나지 않은 착한 아홉 개의 드라크마가 있다. 그리고 오늘 본문에서는 넉넉한 재물을 가지게 되었지만 여전히 아들로서 아버지에게 본분을 다하는 칭찬 받을 만한 맏아들이 있다. 그런데 하나님의 시선은 잃어버린바 된 곳에 비추어져 있다. 잃어버려진 동기는 스스로의 선택에 따라온 결과이다. 쉽게 표현하자면 그들이 선택한 죄에 대한 결과이다. 그럼에도 하나님의 시선은 그곳에 있다. 이것이 죄인들과 함께 음식을 나누시고, 죄인들을 찾아가셨던 예수님의 움직임과 동일한 하나님의 사랑이요, 은혜이다. 하나님의 은혜를 율법과 바꾸어버린 자들이 누릴 수 없는 것은 하나님의 조건 없으신 사랑이다.

:: 묵상 나눔

우리네 삶은 고난에 찬 인생입니다. 고난의 시작은 내가 선택한 결과에서 올 수도 있겠고, 더 나은 성도가 되도록 하시기 위한 하나님의 계획으로부터의 시작일 수도 있습니다. 어떤 상황에서 만나는 것이든지 고난을 원하는 사람은 없을 것입니다. 고난은 우리들로 하여금 희망보다는 좌절에 생각이 집중되게 합니다. 그런데 이런 고난은 우리들의 호흡이 다하기까지 우리들의 옆에서 함께합니다. 우리 인생과 떨어질 수 없는 불가분의 관계입니다. 그러니 고난은 하나님의 영광으로 인도되어지는 아름다운 길이라는 생각을 하면 좋겠습니다. 하나님의 은혜를 매순간마다 필요로 하는 존재인 것을 고백하면 좋겠습니다. 그리하여 모든 순간마다 집을 나간 아들을 두 팔 벌려 기다리는 아버지, 그 아버지의 사랑보다 더 큰 사랑으로 기다리시는 하나님의 사랑을 기억하면 좋겠습니다.

:: 기도 나눔

언제나 변함이 없으신 하나님 아버지, 오늘도 하나님의 변함이 없는 자비를 누리게 하시니 감사합니다. 고난을 헤치고 나가 하나님의 뜻이 있었다는 것을 증명해야 함에도 그러지 못했습니다. 용서해 주시옵소서. 선한 것을 선택하지 못하는 부족한 자이기에 영원부터 영원까지 주인이신 하나님께 항복하는 인생이기를 소망합니다. 나의 인격을 온전히 하나님께 맡기는 인생이기를 기도합니다. 오직 하나님의 임재 안에 머물러 더욱 하나님을 찬양하게 하옵소서. 힘겨운 고난 앞에서도 낙망하지 않게 하옵소서. 나를 통하여 이루기를 원하시는 그 무엇을 깨닫게 하셔서 영광으로 인도되어지게 하옵소서.

≫ 뜻 나눔

자유를 원했던 둘째는 스스로 자유를 생산할 수 있는 능력이 없음을 깨달았다.

48. 16:1-13

내일을 준비하는 자

:: 말씀 나눔

이제 예수님의 시선이 바리새인과 서기관 그리고 제자들에게까지 향하여 도리에 어긋난 행동을 한 청지기의 이야기를 하신다. 어떤 부자에게 청지기가 있는데 그가 주인의 소유를 낭비한다는 말이 주인에게 들려온다. 주인은 청지기를 불러 맡아보던 일을 정리하도록 하면서 이제는 청지기로서의 직무를 계속하지 못하리라 한다. 주인으로부터 해고통보를 받은 것이다. 더 이상 일을 할 수 없게 된 청지기는 앞으로 살아갈 일을 고민한다. 육체적인 노동을 할 수 있는 힘이 없다. 그렇다고 빌어 먹고사는 것은 부끄러워서 할 수 없다. 위기에 놓인 청지기는 고민 끝에 주인에게 빚진 사람들을 한명씩 부른다. 그리고 그들의 빚 증서를 조작하여 기름 백 말을 빚 진자에게는 오십이라 쓰게 하고, 밀 백석을 빚진 자에게는 팔십이라 쓰도록 한다. 청지기의 도움으로 빚을 탕감 받은 자들은 그 은혜를 주인에게 갚지 않고 종인 자기에게 갚을 것이라는 계산을 한 것이다. 미래를 위한 나름대로의 준비이다.

청지기의 방법은 주인에게 손해를 입힌 잘못된 행동이다. 그런데 주인은 청지기의 행동을 듣고 일을 지혜 있게 하고 있다는 칭찬을 한다. 그렇다면 주인의 칭찬은 어떤 의미를 가지고 있는가. 청지기는 본인이 처한 상황을 정확하게 파악했고, 민첩하게 행동을 했다. 지금 포기해야 할 것이 무엇인지 알았기 때문에 단호하게 포기했고, 지금 취해야 할 것이 무엇인지 판단하여 담대하게 자기에게 유리한 상황으로 만들었다. 주인의 칭찬은 여기까지다. 주인에게 있어 청지기는 여전히 불의한 사람이고, 이 세대의 아들일 뿐이다.

빛의 아들들이 불의한 청지기보다 지혜롭지 못한 이유는 무엇인가. 불의한 청지기는 내일(미래)이 있다는 것을 알았다. 이에 직분을 빼앗긴 후의 상황을 정확하게 판단을 했고, 대책을 위하여 단호한 행동을 했다. 빛의 아들들도 내일이 있다는 것을 알고 있다. 내일이 되는 영원한 처소 하나님의 나라를 마음 속에 가지고 있다. 그런데 하나님의 나라를 사모하지만 여전히 세상을 사랑하고 있다. 하나님과 재물을 겸하여 섬길 수 없다는 것을 알고 있지만 여전히 하나님과 재물을 겸하여 섬기려고 한다. 무엇을 미워하고 무엇을 사랑해야 하는지, 무엇을 경히 여기고 무엇을 중히 여겨야 하는지 알지만 여전히 단호하지 못하다. 예수님은 지극히 작은 것에 충성하지 못하는 자는 큰 것에도 충성하지 못한다고 말씀하셨다.

:: 묵상 나눔

예수님은 불의한 청지기에 대하여 이야기를 하시고 말미에 작은 것에 충성하지 못하는 사람은 큰 것에도 충성하지 못한다는 말씀으로 마무리를 하셨습니다. 불의한 청지기에게 맡겨진 일은 주인의 소유를 관리하는 것이었습니다. 조금이라도 더 잘 관리하기 위하여 방법을 고민하고 수고를 하여야 했습니다. 그런데 청지기는 주인의 바람과는 전혀 다르게 소유를 낭비합니다. 주인의 믿음을 저버리고 청지기로서의 의무를 다하지 못합니다. 청지기가 주인의 소유를 낭비하였던 것은 그의 선택이었습니다. 주인이 소유를 맡겼던 것은 청지기를 위하여 맡긴 것이 아니요, 주인을 위하여 맡겼기 때문에 주인의 의도에 순종하는 것입니다. 그러나 청지기의 선택은 불순종이었습니다. 그리고 그 결과로 청지기의 인생에 큰 소용돌이가 되어 돌아왔습니다. 주인에게 순종하였다면 더 큰 일을 맡음으로 명예를 얻을 수 있는 기회가 주어졌을 텐데 청지기는 그런 기회를 잡지 못했습니다.

:: 기도 나눔

사랑의 하나님 아버지, 오늘도 일상을 열어주시고 주어진 길을 걸어갈 수 있도록 힘을 주셔서 감사합니다. 하나님과 함께 하는 하루하루가 되게 하옵소서. 주어진 시간을 소중하게 생각할 수 있도록 도와주시옵소서. 늘 성실한 마음으로 하나님의 영광을 위하여 최선을 다하게 하옵소서. 시간에서도 낭비가 없게 하시고, 물질에서도 낭비가 없게 하옵소서. 사람을 만나고 대함에 있어서도 하나님의 은혜를 낭비하지 않게 하옵소서. 늘 정직한 마음으로 주님 맡기신 일들에 충성하게 하시어 더 큰 일을 맡기실 때에 잘 감당하게 하옵소서. 하나님께 칭찬받는 신실한 삶이 되도록 도와주시옵소서.

≫ 뜻 나눔

두 주인 - 하나님과 재물

49. 16:14-31

율법, 하나님의 뜻을 분별하라

:: 말씀 나눔

하나님과 재물을 겸하여 섬길 수 없다는 예수님의 말씀에 바리새인들은 비웃음으로 답하고 있다. 바리새인들이 생각하는 고난과 환난의 정의는 예수님과 동일하지 않았다. 그들은 하나님의 뜻대로 살지 않았을 때 고난과 환난이 찾아오는 하나님의 진노로 이해했다. 그들에게 있어 재물에 대한 이해도 다르다. 재물이 풍족한 것은 하나님의 축복이요, 하나님의 나라에 들어갈 수 있는 중요한 조건을 가진 사람이라고 인식하였다. 그들이 재물을 결코 포기할 수 없는 이유이기도 하다. 그러나 예수님께서 말씀하신 것은 하나님과 재물을 겸하여 섬길 수 없다는 것이다. 이것이 율법이요, 이 율법은 천지가 없어지기 전에는 일점일획도 없어지지 않는 하나님의 말씀이다.

재물은 하나님께서 인정하시는 의의 표식이라고 생각하였던 바리새인들, 그들 앞에서 예수님은 부자와 거지 나사로의 비유를 들어 하나님의 나라에 들어간 자가 누구인지를 명확하게 설명하신다. 결론을 먼저 말하면 아브라함의 품에 있는 자는 나사로이다. 고통이라고는 조금도 없는 천국, 어둠이 감히 틈타거나 엄습하지 못하는 천국, 거룩하고 거룩하고 거룩하신 하나님의 영광만 충만한 곳에 거지 나사로가 초대 된 것이다. 반면 부자는 어떠한가. 고통 중에 눈을 들었다. 나사로의 손끝으로 물 한 방울 묻혀 혀를 서늘하게 해주기를 바라고 있다. 불꽃 가운데서 괴로워하고 있다. 그저 하나님의 긍휼을 바라고 있다.

바리새인들이 가지고 있는 생각이 옳았다면 하나님의 나라에 들어간 자는 거지 나사로가 아니라 부자여야 했다. 그런데 부자가 아닌 거지 나사로다. 하나님께서 율법을 맡기셨고, 율법을 맡은 자라면 하나님의 뜻을 바로 분별하여야 했다. 부자는 음부에서 분초가 고통이고 절망이다. 아픔이 너무 심하여 그의 다섯 형제들은 고통 받는 곳에 오지 않기를 바라는 마음이다. 이에 나사로를 보내어 다섯 형제들에게 증언해주기를 부탁했다. 그러나 예수님은 율법에서 답을 찾지 못하면 죽었던 나사로가 그들을 찾아간다고 해도 믿지 않을 것이라고 단호하게 말씀하신다. 바리새인들이 그렇게 자랑스러워하는 율법... 예수님은 그 안에서 진정한 답을 찾으라고 말씀하신다.

:: 묵상 나눔

하나님은 우리 한 사람 한 사람을 통하여 무엇을 이루시고자 하실까요. 하나님은 우리들에게 무엇이 증명되기를 원하실까요. 하나님의 자녀로 선택 받아 살아가면서 만나는 질문입니다. 예수님은 바리새인과 서기관들에게는 유난하셨습니다. 오늘 본문에서도 예수님은 바리새인들을 부자에 비유하여 말씀하십니다. 부자는 자색 옷과 고운 베옷을 입고 날마다 호화롭게 지냅니다. 재물이 넘치는 부자와 대비가 되는 모습이 있습니다. 부자의 집 대문 앞에 헌데투성이로 버려진 거지입니다. 하나님께서 부자에게 재물의 은혜를 주신 것은 홀로 자색 옷을 입고 고운 베옷을 입도록 하기 위한 것이 아닙니다. 부자를 통하여 날마다 호화로운 잔치를 베풀기 위한 것이 아닙니다. 빛나는 부자의 삶이 증명되도록 하기 위한 것이 아닙니다. 부자에게 재물의 은혜를 주신 이유는 거지의 헌데를 치료하기 위한 이유였고, 버려진 한 영혼을 살리기 위한 것이었습니다. 부자의 상에서 떨어지는 음식을 먹도록 하는 것이 아니라 함께 한 자리에서 음식을 나누기를 원하시는 것입니다. 바리새인들이 불평등을 평등으로 이루어가기를 원하셨고, 그럼으로 하나님의 뜻이 온전히 증명되기를 원하셨습니다.

:: 기도 나눔

하나님 아버지,

하나님께서 저를 통하여 무엇이 이루어지시기를 원하시고, 증명되기를 원하실까 생각하게 하시니 감사합니다. 하나님의 사람으로 더 나은 삶을 위하여 고민하며, 간구할 때마다 깨달아 알게 하옵소서. 넉넉할 때에 하나님의 은혜를 잊지 않게 하옵소서. 하나님의 은혜가 필요한 곳으로 향하게 하옵소서. 풍요로울 때 하나님의 긍휼을 잊지 않도록 하옵소서. 하나님의 긍휼이 필요한 이들과 풍요를 나눌 수 있도록 도와주시옵소서. 하나님의 영광의 약속을 믿으며 오늘도 빛난 한걸음 걸어갈 수 있도록 도와주시옵소서.

≫ 뜻 나눔

너희 마음을 하나님께서 아시나니 - 마음속 중심을 아시는 하나님

50. 17:1-10

무익한 종

:: 말씀 나눔

예수님의 시선은 이제 제자들에게 향하여 말씀하신다. 늘 듣기를 원하였던 제자들에게 예수님께서 내가 다른 사람을 걸려 넘어지게 하지 않을 수 없다. 그러나 누군가를 걸려 넘어지게 하는 사람은 불행이 닥칠 것이다. 작은 자 중의 하나, 즉 연약한 이들에게 죄를 짓게 하는 자는 차라리 연자맷돌을 목에 매고 바다에 던져지는 것이 나은 일이라고 말씀하신다. 뿐만 아니라 제자들은 형제가 죄를 범할 때는 잘못된 점을 경고해야 한다. 그 경고를 받아들여 회개할 경우에는 용서를 해주어야 한다. 그러기를 일곱 번을 반복하더라도 너그럽게 용서해 주어야 한다. 하나님 앞에서 그 누구에게도 개인적으로 불편한 감정을 가지지 말 것을 말씀하시는 것이다.

실족하지 않도록 하는 것, 무한으로 용서해야 하는 제자도. 제자들은 예수님께서 말씀하시는 것을 감당하기가 녹록하지 않은 일이라는 것을 알았다. 그러나 예수님의 명령을 따르고 싶은 제자들은 그런 일들을 잘 감당할 수 있도록 믿음을 더하여 달라고 부탁한다. 그러자 예수님은 제자들에게 겨자씨 한 알만한 믿음만 있어도 능히 그런 일을 할 수 있다고 말씀하신다. 믿음의 분량과 참된 믿음에는 어떤 차이가 있을까. 겨자씨의 분량은 그 크기만큼 아주 작다. 그러나 작은 분량이지만 참됨이 그 씨앗 안에 있다. 작은 분량이라 하더라도 참됨을 통하여 하나님은 역사 하신다. 하나님의 능력을 믿는 참되고 진실한 믿음, 예수님께서 제자인 우리들에게 요구하시는 것이다.

사도들은 어떤 마음으로 하나님께 복종해야할까. 종은 밭에 나가서 하루 종일 밭을 갈고 양을 친다. 피곤하고 지친 하루였다. 그렇다고 주인은 피곤한 종을 위하여 음식을 준비하지 않는다. 오히려 종은 주인이 먹을 음식을 준비한다. 주인이 음식을 먹는 내내 띠를 띠고 수종을 들어야 한다. 주인의 집 안과 밖의 모든 일을 끝낸 후에야 종은 겨우 음식을 먹고 마실 수 있다. 하루 종일 주인을 위하여 일하였다고 주인이 종에게 감사하다는 말을 하지는 않는다. 종은 그저 주인에게 무익한 종일뿐이다. 마땅히 해야 할 일을 했을 뿐이다. 종은 자기를 위하여 존재하는 것이 아니요, 주인을 위하여 존재하는 것이기 때문이다.

:: 묵상 나눔

예수님은 제자들을 종으로 비유하십니다. 누구도 실족하게 하면 안 되는 종이고, 어떤 잘못을 해도 무한으로 용서해야 하는 종, 나에게 주어진 시간이지만 오직 주인을 위해 사용하는 것이 당연한 종입니다. 내가 없는 나의 하루입니다. 그런데 주님의 종이 누릴 수 있는 특권이 있습니다. 오늘이라는 인생 안에서 주님의 종이기에 느꼈던 슬픔도 있고, 곤고함도 있지만 위로부터 주시는 평안이요, 기쁨이 그것입니다. 종이기에 감당해야 할 모든 일들에 함께하시는 예수님의 능력입니다. 예수님은 하나님의 모습을 지니셨습니다. 하나님이신 예수님은 스스로 자기의 권리를 비우시고 종의 모습이 되셨습니다. 죽음까지도 하나님의 시간 안에서 하나님의 뜻이 되셨습니다. 마지막까지 종으로서 순종하신 것입니다. 그러므로 하나님은 예수님을 높여주셨습니다. 모든 이름 위에 뛰어난 이름을 주셨고, 하늘과 땅과 땅 아래에 있는 모든 것들이 예수님의 이름 앞에 무릎을 꿇게 하셨습니다. 유한한 세상에서는 고난의 길이셨지만 영원한 하나님의 나라에서는 영광이 되셨습니다. 오늘이라는 우리들의 시간은 영원하지 않습니다. 그러니 영원한 시간을 위하여 오늘의 인생을 하나님 기뻐하시는 아름다운 종의 모습으로 살아 내십시다. 하나님께서 기억하시고 반드시 높여 주실 것입니다.

:: 기도 나눔

하나님 아버지, 오늘은 누구를 만나게 되고, 어떤 일들이 주어질지 알 수 없습니다. 다만 기도합니다. 누구를 만나고 어떤 일들이 주어질지 알지 못하지만 모든 시간이 더 할 나위 없이 온유하게 하옵소서. 겸손하게 하옵소서. 감사이게 하옵소서. 따뜻한 마음이게 하옵소서. 성실함이게 하옵소서. 아름다운 손길이게 하옵소서. 오직 하나님의 뜻이 나타나고 이루어지게 하옵소서.

≫ 뜻 나눔

실족 - '올무' 또는 '덫'을 뜻하는 말로 하나님으로부터 떨어져 나가게 하는 것

51. 17:11-19

예수 그리스도 안에서

:: 말씀 나눔

예수님께서 예루살렘을 향하여 올라가시던 중 사마리아와 갈릴리 사이 한 마을에서 있었던 사건이다. 예수님을 본 열 명의 나병환자는 멀리 서서 소리를 높여, 예수 선생이여 우리를 불쌍히 여기소서 외친다. 예수님은 긍휼을 바라는 그들에게 "제사장들에게 너희 몸을 보이라" 말씀하신다. 나병환자는 반드시 제사장의 진찰을 통하여 진단하여야 한다. 제사장의 진단으로 환부가 치료되어 깨끗하게 회복이 되었다는 것이 증명이 되면 공동체 안으로 다시 복귀할 수 있다. 나병 환자들이 멀리 서서 외쳐야 했던 것도 전염의 위험이 있었기 때문에 동네 밖에서 생활을 하면서 사람들과 접촉을 피해야 했기 때문이다.

열 명의 나병환자는 예수님의 명령에 의지하여 제사장들에게 몸을 보이기 위해 가는 중에 그들의 나병이 깨끗하게 나은 것을 알게 된다. 예수님의 긍휼을 바라며 외쳤던 열 명이 모두 나은 것이다. 그런데 그 중에 한 명이 하나님께 영광을 돌리며 예수님께 돌아와 발아래에 엎드려 감사를 드렸다. 예수님께서 발아래 엎드린 사람을 보니 그는 사마리아 사람이다. 열 명의 나병환자가 고침을 받았지만 하나님께 영광을 돌리고, 예수님께 돌아와 감사를 드린 사람은 이방인 사마리아 사람 한 명뿐이다. 나머지 아홉 명은 하나님을 먼저 찬양하지도 않았고, 예수님의 발아래 무릎을 꿇지 않았다. 그들의 나병이 깨끗하게 나았다는 증명이 더 중요했다. 예수님은 돌아와 무릎을 꿇은 사마리아 인에게

"일어나라 네 믿음이 너를 구원하였느니라" 말씀하시며 구원의 영광으로 초대하신다.

본문은 구원에 이른 한 사람 사마리아 인에게 조명을 비추어 준다. 처음에는 나병으로 예수님을 찾았고, 긍휼을 구하였지만 그의 마지막은 구원이다. 사마리아 인의 행보를 보면 몸의 나병이 깨끗해지자 곧 하나님께 영광을 돌렸다. 그리고 예수님을 찾았다. 하나님께서 예수님을 통하여 일하시는 것을 알았기 때문이다. 하나님께서 복을 주시되 예수 그리스도 안에서 하늘에 속한 신령한 복을 주시는 것을 알았다. 하나님께서 사랑하시되 예수 그리스도 안에서 창세 전부터 사랑하신 것을 알았다. 하나님께서 거룩하게 하시되 예수 그리스도 안에서 흠이 없게 하시는 것을 알았다. 하나님께서 기뻐하시는 뜻을 따라 예수 그리스도 안에서 자녀가 되게 하신 것을 알았다. 하나님의 뜻으로 말미암아 예수 그리스도 안에서 은혜와 평강이 임하는 것을 알았다.

:: 묵상 나눔

"네 믿음이 너를 구원하였느니라"는 예수님의 말씀 속에서 사마리아 인의 반응은 '믿음' 이었습니다. 사마리아 인에게 나타난 하나님의 영광이 예수 그리스도 안에서 이루어졌다는 것을 인정한 믿음이었습니다. 예수님은 그의 믿음을 보시고 구원의 영광에 초대해 주셨습니다. 우리들의 믿음 하나로 구원을 얻을 수 있게 된 가장 큰 이유는 무엇일까요. 그것은 예수 그리스도의 낮아지심입니다. 죽기까지 복종하시며 하나님의 뜻을 이루셨던 예수님의 사랑과 섬김이 가능하도록 하였습니다. 강한 자들의 편에 서지 아니하시고, 불의와 타협하지 아니하시고, 권력을 따르지 아니하셨기에 가능하였습니다. 세상의 모든 유혹을 물리치시고, 버리시고, 돌아가셨기에 우리에게 주어진 은혜입니다. 그런데 우리들의 모습은 어떠합니까. 자기의 나병이 나은 것을 알면서도 감사할 줄 모르고 돌아선 사람들과 같습니다. 하나님의 은혜를 너무나 쉽게 잊어버리고, 쉽게 떠나버립니다. 우리에게 믿음을 확신하게 하시고, 믿는 대로 되어지는 능력의 삶을 살아가게 하신 하나님 앞에 겸손하게 무릎 꿇는 오늘이 되십시다. 더 선한 믿음으로 하나님의 영광이 되십시다.

:: 기도 나눔

하나님 아버지, 그리스도 예수 안에서 은혜와 평강을 누리게 하시니 감사합니다. 자기의 병이 나은 것을 알고 먼저 하나님께 영광을 드리고, 예수님의 발아래에 무릎을 꿇었던 사마리아 사람처럼 행동의 우선순위가 하나님이 되도록 도와주시옵소서. 늘 동행하여 주시는 것, 회복하게 하신 것에 감사할 줄 알게 하옵소서.

≫ 뜻 나눔

돌아오다 - "회심", 믿음 - 구원의 수단

52, 17:20-37

영광으로 주님 임하실 때

:: 말씀 나눔

하나님의 나라가 어느 때에 임하나이까. 바리새인들의 질문이다. 예수님은 하나님의 손을 힘입어 귀신을 쫒아내면 하나님의 나라는 이미 너희에게 임하였다고 말씀하셨는데(눅 11:20), 이 말씀을 하시기 전에 말 못하게 하는 귀신을 쫒아내셨다. 하나님의 나라는 이미 예수님의 현존과 함께 시작되었고, 우리에게 임하였다. 예수님은 제자들에게 인자의 날을 언급하신다. 인자의 날을 볼 수 없다는 것은 예수님의 재림은 예고 없이 찾아온다는 것이다. 재림을 위한 준비기간이 없이 불시에 재림하시는 것이다. 완전한 재림의 날이 되기 전에 많은 사람들이 인자가 여기저기에서 나타났다고 할지라도 세상 사람들의 말에 귀를 기울이지 말라는 것이다. 인자가 올 때는 번갯불이 온 땅과 하늘에서 반짝이는 것처럼 모든 사람이 다 알 수 있도록 임할 것이기 때문이다.

하나님은 사람이 마음으로 생각하는 모든 것이 악함을 보시고 창조한 사람을 쓸어버릴 계획을 하신다. 그리고 그 계획을 의인이라 인정을 받았던 노아를 통하여 이루신다. 노아는 고페르 나무로 열심히 방주를 만든다. 좋은 날씨는 계속 되고, 아무런 기후 변화도 일어나지 않는데 노아의 가족은 방주를 만드는데 열심이다. 반면 노아의 가족이 방주에 들어가기까지 사람들은 먹고 마시고 장가가고 시집가는 등 세상일에 분주하다. 노아의 가족이 방주 안으로 들어가자마자 홍수가 시작되고, 모든 사람은 멸망한다. 롯 시대에도 동일한 일이 벌어진다. 롯이 거주하는 소돔과 고모라 사람들의 죄악이 심하여 멸망을 결심하셨다. 하나님은 롯의 가족이 소돔과 고모라를 빠져나오자 바로 불과 유황을 내려 그들을 멸망하게 하신다.

인자가 임하는 날에도 이와 같이 사람들의 일상은 방해받지 않고 여전히 즐기면서 자기만족을 위하여 살아갈 것이다. 예수님은 인자의 날이 되면 세간을 가지러 가지도 말고, 밭에 있는 자는 뒤를 돌아보지 말라고 하신다. 세상의 모든 것들을 미련 없이 버려야한다. 예수님은 롯의 처를 기억하라고 하시는데, 롯의 처는 소돔과 고모라를 빠져나오면서 뒤를 돌아보아 소금기둥이 되어 버렸다. 인자의 때가 되었는데도 세상에 미련을 버리지 못하면 영원한 생명을 얻을 수 없다는 메시지다. 마지막 때 세상을 버리고 예수님을 따르는 자는 데려감을 얻게 될 것이요, 예수님을 따르지 않는다면 버려둠을 당하게 될 것이다.

:: 묵상 나눔

우리는 하나님 앞에서 "종은 무익한 종입니다. 하나님 앞에서 다만 하여야 할 일을 한 것 뿐입니다."는 고백을 일상에서 설명할 수 있어야 합니다. 내가 어떤 존재인지에 대한 설명을 하지 못하면 우리는 오늘이라는 인생을 살아가면서 어둠의 권세에 넘어질 수밖에 없습니다. 노아의 때에나 롯의 때가 그러했습니다. 하나님의 은혜를 설명할 수 없으니, 세상에서 제공하는 것들이 좋고, 누릴 수 있는 것들로 만족하였고, 그러한 세상일에 늘 분주하였습니다. 예수님은 롯의 처를 기억하라고 말씀하셨습니다. 롯의 처가 넘어진 것은 세상의 것을 버리지 못했기 때문입니다. 하나님께서 약속하신 희망을 향하여 가는 도중임에도 롯의 처는 세상에 미련을 두었습니다. 소돔과 고모라가 멸망할 것을 알면서도 롯의 처는 그 땅을 돌아보았습니다. 세상은 그렇게 무서운 곳입니다. 우리들의 마음과 생각을 앗아가고, 우리의 정체성을 잊게 합니다. 세상에 미련을 가지고 있을 때 우리는 다만 하여야 할 것이 무엇인지를 잊어버립니다. 하나님께서 나의 주인이라는 것을 설명하지 못하고 있을 그 때에 다만 희망의 빛은 사라져버릴 것입니다.

:: 기도 나눔

자비로우신 하나님 아버지, 세상 속에 살아가면서 마땅히 기억해야 할 것들을 잊고 살아갑니다. 마땅히 이루어야 할 것들을 놓치며 살아갑니다. 하나님의 임재 안에서 그 은혜를 되새기며 날마다 무익한 종이라 설명할 수 있게 해 주시옵소서. 다만 하여야 할 일을 감사함으로 감당하게 하옵소서. 그리하여 영광스러운 인자의 날에 버려둠을 당하지 않고 데려감을 얻을 수 있는 주님의 자랑스러운 종이 되게 하옵소서.

≫ 뜻 나눔

인자의 날 - 인자의 도래와 함께 시작되는 완성의 때. 세간 - 소유물

53. 18:1-14

기도와 겸손을 인자의 때까지

:: 말씀 나눔

인자의 때에 버려둠을 당하지 않으려면 오늘을 어떻게 살아야하는가. 예수님은 오늘 분문에서 "항상 기도하고 낙심하지 말아야 할 것"이라 말씀하신다. 인자의 때까지 세상의 불의는 계속 될 것이고, 고난과 슬픔도, 우리를 낙심하게 하는 일들도 멈추지 않을 것이기 때문이다. 하나님의 아들 예수님도 사람의 아들로 살아가는 모든 시간이 전능자로서의 삶은 아니었다. 예수님의 일거수일투족을 엿보는 사람들이 있었고, 죽이기 위하여 달려드는 사람들이 있었고, 공중의 새도 거처가 있으나 예수님은 머리 둘 곳이 없었다. 하나님의 뜻을 이루시기 위하여 새벽 아직 밝기도 전에 잠에서 깨어 기도 하셔야 했고, 십자가에서의 영광스러운 순간을 위하여 비참한 죽임을 당하셔야 했다. 기도 가운데 함께 하신 하나님의 능력으로 이 모든 일들을 감당하셨기에 우리에게도 기도하라 말씀하신다. 그렇다면 어떤 마음과 자세를 가지고 하나님의 보좌 앞으로 나아가 무릎을 꿇어야할까.

불의한 재판장에게 한 과부가 찾아온다. 불의한 재판장이라 불리는 이유는 하나님을 두려워하지 아니하고 연약한 사람을 무시하기 때문이다. 세상에서 인정하는 권세가 모든 것을 해결할 수 있다는 생각, 그 권세는 영원할 것이라는 생각이 하나님을 두려워하지 않게 하였고, 사람을 무시하게 한 것이다. 재판장을 찾아온 과부는 다르다. 세상으로부터 받아야 할 마땅한 보호가 과부에게 적용되지 않고 있다. 어떤 원수로부터 풀어야 할 문제를 해결 받지 못하고 있는 무력한 여인이다. 비록 무력하지만 포기하지 않는 이 여인의 수고에 예수님은 "밤낮 부르짖는" 이라는 수식어를 붙여주신다. 상황에 포기하지 않고 밤낮 부르짖는 기도에 하나님은 반드시 하나님의 은혜로 이루어 주실 것을 말씀하신다.

이제 어떤 자세로 기도를 해야 하나. 예수님은 바리새인과 세리의 기도를 대조하여 비유하신다. 바리새인과 세리가 똑같이 성전을 올라갔다. 그리고 하나님 앞에 섰다. 감히 눈을 들어 하늘을 쳐다보지도 못하고 다만 가슴만 치고 있는 세리와 비교가 되는 바리새인은 따로 서서 하늘의 하나님을 찾는다. "하나님이여 불쌍히 여기소서 나는 죄인이로소이다"며 하나님의 긍휼을 바라는 세리이다. 그러나 이와 대비되는 바리새인은 "다른 사람들과 다르게 의인으로 살게 하신 것을 감사하나이다"라고 기도한다. 세리는 하나님 앞에서 감히 하나님을 아버지라 부를 자격이 없는 죄인이다. 그러나 바리새인은 자기 자신이 실천하고 있는 업적에 매우 만족하기에 하나님의 긍휼은 그에게 어떤 의미도 되지 못한다.

:: 묵상 나눔

세상은 힘과 권력을 가졌으나 무법한 재판장과 같고, 우리들은 원한이 있어도 풀지 못하는 무력한 과부와 같습니다. 그런데 세상이 행사하는 힘은 갈수록 어그러지게 합니다. 세상이 가지고 있는 권력은 무력한 자들을 너무 뒤흔들어 놓습니다. 세상은 인자의 때까지 그러할 것입니다. 이런 무자비한 세상을 어떻게 이겨내시겠습니까. 예수님은 밤낮 부르짖는 택하신 자들의 원한을 하나님께서 풀어주신다고 말씀해 주셨습니다. 하나님은 우리의 마음과 형편을 읽고 계시는 분입니다. 그러니 세상 앞에서 너무

외로워하지 말고 위대하신 하나님의 품에서 쉼을 얻으십시오. 세상의 힘과 권력 앞에서 터무니없이 무너질 때도 낙심하지 말고 겸손과 간절함으로 하나님의 은혜를 구하십시오. 하나님은 그 모든 아픔을, 그 모든 눈물을 씻어 주십니다. 그렇게 오늘을 이겨내고 내일을 기대하며 최선을 다할 때 하나님은 분명히 우리들을 세워 주십니다.

:: 기도 나눔

하나님 아버지, 기도할 수 있는 은혜를 주시어 하나님의 능력을 힘입게 하시니 감사합니다. 하나님, 연약한 자들을 돌아보는 오늘이 되게 하옵소서. 세리와 같이 감히 하나님의 이름을 부를 수 없는 존재인 것을 잊지 않게 하옵소서. 모든 일상에 정의가 있게 하시고, 겸손이 있게 하옵소서. 생각하는 모든 것들과 행하는 모든 일들에 긍휼을 베풀어 주시어 영혼을 살리는 여정이 되도록 도와주시옵소서.

≫ 뜻 나눔

믿음을 보겠느냐 - "믿음"은 포기하지 않고 지속적으로 간구하게 하는 것

54, 18:15-30

아직도 한 가지 부족한 것

:: 말씀 나눔

예수님 사랑의 손길은 병든 자들을 낫게 했고, 억눌린 자들을 자유하게 하셨다. 예수님을 통하여 나타나는 축복이 흐르고 흘러서 사람들의 귀에 들려졌고, 아이를 둔 부모들은 그런 예수님의 손길이 자기의 아이들에게도 미치기를 바라며 데리고 왔다. 예수님께서 계시는 곳이 아이들로 인하여 질서가 무너지자 제자들은 아이들의 부모를 꾸짖었다. 그러자 예수님은 제자들의 행동을 막으시며, 하나님의 나라를 어린 아이와 같이 받아들이지 않는 자는 결단코 들어갈 수 없다고 말씀하신다. 어린아이들의 무엇이 하나님의 나라에 들어갈 수 있는 이유가 될까. 이 말씀 앞에 예수님은 바리새인의 기도와 세리의 기도 비유를 말씀하시며, 자기를 높이는 자는 낮아지고 자기를 낮추는 자는 높아지리라 말씀하셨다. 즉 아이들은 스스로를 높이려고 하지 않고, 보이는 것을 왜곡하여 해석하지 않는 깨끗한 마음이다.

어떤 관리가 예수님을 찾아와 질문을 한다. “선한 선생님이여 내가 무엇을 하여야 영생을 얻으리이까” 예수님은 “하나님 한 분 외에는 선한 이가 없다”는 답으로 선의 근원은 오직 하나님 한분이심을 명확히 하신다. 영생을 얻을 충분한 조건을 가지고 있다고 자부하는 관원에게 예수님은 가진 재물을 다 팔아 가난한 자들에게 나누어 주고 나를 따르라 말씀하신다. 이 관리는 큰 부자였기에 예수님의 말씀을 듣고 심히 근심한다. 관원은 어려서부터 율법을 지켜왔다. 그러니 스스로 거룩하다고 생각하였고, 그런 삶의 보상은 영생으로 이어질 것을 당연한 결과로 기대한 것이다. 거룩의 시작은 하나님이다. 결코 인간에게서 거룩이 생성되어질 수 없고, 스스로 거룩하다는 판단도 할 수 없다.

예수님은 심히 근심하는 관원을 보시고 재물이 있는 자는 하나님의 나라에 들어가는 것이 낙타가 바늘귀로 들어가는 것보다 어려운 일이라고 말씀하신다. 예수님의 말씀은 다른 사람들에게도 질문을 하게 한다. 그렇다면 누가 구원을 얻을 수 있나이까. 예수님은 "사람은 할 수 없지만 하나님은 하실 수 있다"고 하신다. 모든 은혜의 시작은 하나님이시고, 우리가 감당할 수 있는 모든 능력도 오직 하나님께서 주셔야 한다. 예수님의 말씀을 듣고 있던 베드로는 "우리는 모든 것을 다 버리고 주를 따랐나이다"고 말하면서 지난 시간을 추억한다. 예수님은 하나님의 나라를 위하여 모든 것을 버린 자들은 영생을 얻을 것이라 말씀하신다.

:: 묵상 나눔

오늘을 살아가는 우리는 참 많은 것들을 누리며 살아갑니다. 그 중에 감히 범접할 수 없는 자연을 봅니다. 자연의 리듬을 보면 막힘이 없습니다. 서로 어우러지는 것이 언제나 편안하고, 자연스럽습니다. 참 놀랍습니다. 인간의 삶의 자리로 눈을 돌려 봅니다. 인간은 어느 것 하나 만들어 낼 수 없는 존재입니다. 그런데도 인간에게 필요한 것들, 목적하는 것들을 하나씩 하나씩 이루어갑니다. 그러니 어제보다 오늘을 편리하게 하고, 풍요롭게 합니다. 범접할 수 없는 자연도 성숙해 가는 인간도 그 근원이 어디인가요. 살아계신 하나님입니다. 어느 것 하나 생성할 수 없는 자연이고, 무엇 하나 만들어 낼 수 없는 인간입니다. 그러한 자연이 누리는 것, 그러한 인간이 누리는 것, 그 모든 것은 하나님께서 움직여주시기 때문입니다. 하나님께서 모든 것의 시작입니다. 그런데 하나님의 소유를 가지고 우리는 교만합니다. 주인이신 하나님은 한이 없는 은혜와 자비를 베푸시는데 작은, 아주 작은 피조물이 고개를 들어 판단하고 정죄합니다. 오늘은 어린아이와 같은 마음으로 하나님께 도움을 청하여 하나님의 위대하신 시간을 빼앗는 하루가 되기를 바랍니다.

:: 기도 나눔

세상의 근원이 되시는 하나님 아버지, 위대하신 하나님의 능력을 누리게 하시니 감사합니다. 자연의 위엄 앞에서 현존하시는 하나님을 보게 하시니 감사합니다. 어느 것 하나 만들어내지도 못하고, 지켜내지도 못하는 인생들에게 여전히 긍휼을 베풀어 주시니 감사합니다. 하나님, 그 은혜 앞에서 어느 한순간도 교만하지 않도록 도와주시옵소서. 모든 시간과 공간의 근원이 되시는 하나님 앞에 늘 겸손한 자로 살아가게 하옵소서.

≫ 뜻 나눔

어린 아이 - 스스로 아무것도 할 수 없는, 절대적으로 의존할 수밖에 없는 존재

55. 18:31-43

예루살렘으로 향하여 가는 길

:: 말씀 나눔

자신의 생명까지도 버리실 예수님, 선지자들을 통하여 기록된 모든 것들이 응할 것을 말씀하심으로 임박한 수난을 예고하신다. 예수님은 육체에 계실 때 죽음에서 능히 구원하실 이에게 심한 통곡과 눈물로 간구와 소원을 올렸다고 히브리서 기자는 기록하고 있다. 수난이 얼마나 고통스러운 시간이라는 것을 아시는 예수님이다. 이방인들에게 넘겨져 희롱을 당하고 능욕을 당하고 침 뱉음을 당해야하는 수모, 채찍질의 고통을 이겨내야 하는 인내, 흑암의 권세 앞에 그 어떤 저항도 할 수 없을 어둠의 시간이 될 사흘, 이 모든 것을 인간의 힘으로는 도저히 감당할 수 없다. 그러니 예수님의 마음은 눈물이고 통곡이다.

하나님께서 이미 선지자들을 통하여 약속하셨던 구원은 모두의 영광 속에서, 모두의 박수 속에서, 모두의 찬양 속에서 이루어지지 않았다. 예수 그리스도 안에서 보이신 영광의 길은 예수님이 짊어지신 십자가 수난과 고통을 통과하여 우리에게 찾아왔다. 오늘을 살아가는 우리들에게는 이 모든 사건들이 밝히 드러나 믿을 수 있게 되었지만 예수님께서 수난을 받으시기 전 주님의 제자들은 그 비밀을 당시에는 깨달을 수 없었다. 하나님께서 아직은 그들의 눈을 열어주시지 않은 까닭이다. 제자들은 아무것도 깨닫지 못한 채 예수님과 함께 예루살렘을 향하여 걸어가고 있다. 오직 예수님의 발걸음만 무거운 시간이다.

여리고 가까이에 한 맹인이 길가에 앉아 구걸을 한다. 주변 상황을 전혀 알 수 없는 이 사람은 갑자기 들려오는 진동으로 무리들의 움직임을 느낀다. 지나가는 사람에게 무슨 일인지 물으니 "나사렛 예수"가 지나가신다는 소리가 들려온다. 사람들에게는 "나사렛 예수"지만 이 맹인에게는 "다윗의 자손 예수"다. 맹인은 즉시로 "다윗의 자손 예수여 나를 불쌍히 여기소서" 외친다. 지나가는 사람들의 불평 속에서도 맹인은 포기하지 않고 예수님의 긍휼을 바란다. 예수님은 "데려오라" 말씀하시고 "네게 무엇을 하여 주기를 원하느냐" 물으신다. 주여, 보기를 원하나이다. "네 믿음이 너를 구원하였느니라" 예수님의 사랑이 맹인에게 흘러간다. 보게 된 맹인은 하나님께 영광을 돌리며 예수님을 따른다. 그곳에 있는 무리들은 하나님을 찬양한다.

:: 묵상 나눔

예수님은 수난을 예고하시며 예루살렘을 향하여 걸어가시는 중에 한 맹인을 만나십니다. 앞으로 만나게 될 예수님 수난의 진정한 목적이 다시금 이루어지려고 하는 상황입니다. 하나님께로 향한 예수님의 순종은 수난을 전제로 합니다. 이 수난은 예수님의 바람도 아니요, 예수님의 간절함도 아닙니다. 이미 계획하셨고, 약속하셨던 하나님의 뜻입니다. 수난을 받으시기 전까지 예수님은 하나님의 영광과 세상의 영광 사이에 서 있습니다. 예수님께서 이겨내셔야 하는 시간입니다. 우리들의 시간도 수난 당하시기 전, 예수님처럼 하나님의 영광과 세상의 영광 사이에서 살아가고 있습니다. 이 둘 사이에서 우리는 하루에도 몇 번씩 변하는 마음을 다잡아야 합니다. 그런데 생각해 보십시다. 우리가 믿는 하나님이 어떤 분이십니까. 우리들의 삶에 새로운 희망을 주신 예수님은 어떤 분이십니까. 오늘 나에게 힘을 주시는 성령님은 또 어떤 분이십니까. 우리들의 삶의 존재이유요,

목표입니다. 그러니 내가 간절히 바라는 것을 이루기 위하여 너무 분주하지 마십시다. 나의 자랑과 기쁨을 위하여 너무 애쓰지 마십시다. 고난을 통하여 순종을 배워가는 것에 감사하고, 세상으로부터는 얻을 수 없는 영혼의 평안을 찬양하며 사십시다. 세상과는 다른 하나님의 방법을 예수 그리스도 안에서 깨닫고 맹인이 그러했던 것처럼 하나님께 영광을 돌리는 삶이 되십시다.

:: 기도 나눔

영광의 하나님 아버지, 저희들에게 예수님의 수난이 나를 위한 수난이었다고 고백하게 하시니 감사합니다. 예수님의 순종이 이제는 나의 순종이 되도록 마음을 열어주시니 감사합니다. 여전히 세상과 타협하기를 바라는 마음, 세상의 방법을 따르고자 하는 마음입니다. 그런 연약함을 긍휼히 여기시어 존귀한 마음으로 하나님을 찬양하게 하옵소서.

≫ 뜻 나눔

다윗의 자손 - 다윗의 왕권을 이어 완전한 완성을 이루는 것을 의미

56, 19:1-10

잃어버린 자를 위한 낮아지심

:: 말씀 나눔

'순수한' 혹은 '의로운'이라는 의미의 이름을 가지고 있는 삭개오는 여리고의 세리장이다. 여리고는 당시 많은 도시와 국가를 잇는, 즉 사방이 무역로로 연결되어 있는 곳이었기에 세리로써 고수익이 보장되는 곳이었다. 여리고는 트랜스 요르단에서 예루살렘까지 이르는 주요 도로에 위치하고 있었다. 뿐만 아니라 풍부한 특산물로 상당한 왕래가 있었기에 세관이 위치하고 있었다. 요세푸스에 의하면 발삼 나무에서 분비되는 발삼은 "그곳에서 가장 귀중한 것" 이었다고 전한다. 로마 정부는 발삼과 함께 여리고의 풍부한 상품들을 거래할 때는 높은 세금을 내고 거래하도록 했다고 한다. 그러니 여리고에서 세리라는 직업은 주어진 상황이나 여건에서 부를 누리기에 충분했다.

삭개오는 부요한 세리장이였다. 그의 부는 불의와 비례하기에 부요한 만큼 불의가 가득한 인생이었다. 그러나 그가 소유한 부는 영혼의 만족을 주지 못하였다. 그러던 중 많은 사람들의 입을 통하여 들려졌던 예수님이 여리고로 오신다는 소식을 듣는다. 삭개오는 예수님께서 어떠한 사람인가 하여 보고자 하였다. 삭개오는 예수님이 계시는 곳으로 갔으나 그 주위에는 이미 많은 사람들이 운집해 있었다. 키가 작았던 삭개오는 도저히 예수님을 볼 수 있는 상황이 아니다. 예수님을 보고자 하는 그는 포기할 수 없었기에 돌무화과나무에 올라가는 열정을 보여준다. 삭개오의 간절한 마음은 예수님의 발걸음을 멈추도록 하였다. 그리고 예수님의 눈과 삭개오의 눈이 마주친다. “삭개오야 속히 내려오라 내가 오늘 네 집에 유하여야 하겠다” 삭개오의 마음을 울리는, 전혀 예상하지 못한 예수님의 음성이다.

예수님의 음성을 듣고 급히 내려온 삭개오는 즐거워하며 예수님을 그의 집으로 영접한다. 뭇 사람들의 수군거리는 소리는 예수님과 삭개오에게 어떤 장애물도 되지 않는다. 예수님의 따뜻한 사랑은 삭개오로 하여금 회개에 합당한 열매를 맺게 했다. 모든 율법을 어려서부터 지켜왔다고 자신을 소개하였던 부자 관원도 하지 못하였던 열매를 죄인이라 손가락질을 받던 삭개오는 해내고 있다. 소유의 절반을 가난한 자들에게 나누어 줄 수 있는 믿음, 누구의 것을 강제로 빼앗은 일이 있다면 네 배로 갚겠다는 의지, 이 모든 것은 예수님을 만나고 변화된 삭개오의 아름다운 다짐이다. 잃어버린 자를 찾기 위해 이 땅에 오신 예수님의 존귀한 목적이 세리장 삭개오를 통하여 이루어지고 있다. 이제 예수님의 구원이 허락되어진다. 이전에는 죄인이라 불리었으나 예수님의 사랑은 하나님의 백성이 되게 했다.

:: 묵상 나눔

“인자가 온 것은 잃어버린 자를 찾아 구원하려 함이라” 예수님께서 이 땅에 오신 이유입니다. ‘인자’는 이 땅에 오시기 위하여 친히 사람이 되신 예수님의 자신을 낮추시어 불리어지는 표현입니다. 낮추셔야 잃어버린 자를 찾을 수 있고, 찾아 구원을 이루게 할 수 있기 때문입니다. 힘을 가지고 있으나 그 힘으로 세상을 통치하시는 것이 하나님의 방법이 아닙니다. 능력을 가지고 있으나 그 능력으로 세상을 다스리는 것이 하나님의 방법이 아닙니다. 하나님의 방법은 그 어떤 힘과 권력을 가지지 못한 자들을 위하여, 희망이 필요한 자들을 향하여 흘러갑니다. 골짜기마다 돋우어지고 굽어지는 곳이 낮아지고, 산마다 언덕마다 낮아지며 고르지 아니한 곳이 평지가 되는 것, 이러한 것이 하나님께서 원하시는 방법입니다. 평지가 되면 낮은 곳은 없습니다. 낮아진 곳이 없으면 높은 곳도 동시에 존재하지 않습니다. 죄인이라 평가되지 않고, 스스로 의인이라 부르지도 않습니다. 하나님께서 원하시는 세상은 모두에게 공정이고, 모두에게 위로입니다.

:: 기도 나눔

하나님 아버지, 예수님의 낮아지심은 저희들에게 내일을 기대하고 오늘을 감사할 수 있게 하는 은총입니다. 주님의 은혜가 생수의 강이 되어 흘러가게 하시고, 주님의 은총이 감사가 되어 모든 굽어지고 낮아진 곳이 돋우어지게 되는 삶이 되게 하옵소서.

≫ 뜻 나눔

잃어버린 자 - 하나님의 나라와 무관한 "죄인"이나 "악한 자"와 뜻이 같음

57. 19:11-27

주님께서 맡기신 한 므나

:: 말씀 나눔

로마에 속국이었던 당시 이스라엘은 로마의 승인을 얻어야지만 왕으로서 권리를 이행 할 수 있었다. 이에 필요에 따라 임명을 받기 위하여 로마를 다녀와야 했다. 헤롯 대왕이 죽고 그의 아들 아켈라오가 왕위를 얻기 위하여 로마를 가게 된다. 아켈라오는 로마로부터 유대를 통치할 수 있는 왕위를 임명받아 돌아온다. 그런데 아켈라오가 왕위를 임명받기위해 로마를 방문했을 때 그의 임명을 반대했던 유대인들의 유력인사 50명이 이를 저지하기 위해 로마를 찾았다. 아켈라오는 로마로부터 왕권을 임명받아 돌아 온 후에 자신을 반대했던 사람들에게 피비린내 나는 보복을 실행하게 된다. 이 사건은 예수님께 끊임없이 대항하고 반대하는 유대인 지도자들에 대한 상징이 된다.

예수님이 예루살렘에 가까이 오시자 제자들과 사람들은 정치적인 변화를 가지고서 하나님의 나라가 곧 임할 것이라고 기대한다. 그러나 완성 된 하나님의 나라가 임하기 위해서 예수님은 십자가 사건을 통과하셔야 한다. 부활의 영광, 승천이 기다리고 있다. 그러기까지 긴긴 시간을 믿음으로 이겨내야 하는데 예수님을 따르는 무리들은 완성된 하나님의 나라가 지금 당장 임할 것이라고 기대하고 있다. 이에 예수님은 아켈라오를 예로 들어 종과 주인의 관계를 비유로 말씀하신다. 종은 아무리 탁월한 능력을 가지고 있다고 해도 결코 주인의 뜻을 앞설 수 없으니 주인의 뜻이 이루어지기까지 어떤 마음으로 살아야하는

지 설명하신다.

예수님은 먼저 열 명의 종을 불러 한 므나씩을 나누어주며 "내가 돌아올 때까지 장사를 하라" 명하였다. 결산의 날에는 열 명의 종이 모두 등장하지는 않고, 세 명의 종들만 주인의 명령에 따른 결과를 보고하게 된다. 첫째가 이르되 "주인이여 당신의 한 므나로 열 므나를 만들었나이다." 보고한다. 그러자 주인은 착한 종이라 칭찬하시며 지극히 작은 것에 충성하였으니 열고을 권세를 차지하라 말씀하신다. 둘째가 이르되 "당신의 한 므나로 다섯 므나를 만들었나이다." 보고한다. 주인은 그에게도 다섯 고을을 차지하라 말씀하신다. 또 한 사람이 와서 말하기를 "주인이여 당신의 한 므나가 여기 있나이다. 당신은 엄한 사람이기에 내가 무서워함이라. 당신은 두지 않은 것을 취하고 심지 않은 것을 거두나이다." 보고한다. 종의 말을 들은 주인은 그에게 있었던 한 므나를 빼앗아 열 므나 있는 자에게 준다. 주인은 "무릇 있는 자는 받겠고 없는 자는 그 있는 것도 빼앗기리라"는 말로 비유의 끝을 맺는다.

:: 묵상 나눔

예수님께서 예루살렘으로 가까이 오시니 다윗의 때와 같은 영광을 기다리던 제자들과 무리들은 완성된 하나님의 나라를 기대합니다. 그러나 예수님의 죽음, 부활과 승천 그리고 재림이 있기까지 하나님의 시간은 그들에게 그저 막연한 기다림입니다. 그러니 예수님은 제자들이 오늘 하루도 하나님의 임재 안에서 최선을 다하는 성실한 삶이 되기를 바라십니다. 종의 손에 주어진 한 므나에는 주인의 뜻과 마음이 담겨있습니다. 주인의 뜻은 종들이 성실하게 하루하루 살아가는 것입니다. 시간을 결코 허투루 보내지 않는 것입니다. 주인의 마음은 므나를 맡기신 분이 누구신가 하는 것을 잊지 않는 것 입니다. 열 므나를 남기는 것도 다섯 므나를 남기는 것도 성실하지 않으면 결코 얻을 수 없는 결과입니다. 우리의 현실이 녹록하지 않다는 것은 주님이 더 잘 아십니다. 그러나 힘겨운 시간 속에서 손을 놓지 않기를 원하시기에 므나를 맡기셨습니다. 하나님은 우리에게 능력 있는 삶을 원하시는 것이 아니요, 최선을 다하는 삶입니다. 우리의 마음이 오직 하나님께 향하기를 바라십니다.

:: 기도 나눔

하나님 아버지, 영광의 왕으로 다시 오실 주님을 기다립니다. 모든 것들이 거룩하고 흠이 없는 그 영광의 시간을 기다립니다. 회복의 진정한 모습이 무엇인지 눈으로 직접 보아 알게 될 그 시간을 기다립니다. 아침에 솟아오르는 태양이 모든 어둠을 몰아내는 것처럼 주의 찬란한 빛으로 모든 어둠을 몰아내실 그 때를 기다립니다. 자비로우신 하나님 영광의 시간을 감사함으로 맞을 수 있도록 모든 시간에 최선을 다하게 하옵소서.

≫ 뜻 나눔

너를 판단하노니 - 너를 심판하노니

58, 19:28-48

내 마음에 무너져버린 성전

:: 말씀 나눔

하나님을 영화롭게 하셨던 예수님의 여정이 이제는 다 이루시기 위한 길목에 가까워오고 있다. 존재하는 모든 생명이 새로운 피조물로 변화 되도록 하실 예수님이시다. 그러나 예수님은 힘과 권력으로 세상을 바꾸시는 것이 아니요, 겸손하게 나귀를 타시고 예루살렘을 입성하신다. 지금까지 아무도 타 보지 않은 나귀 새끼를 타고, 누구도 걸어갈 수 없는 그 길을 향하여 무거운 한걸음 또 한걸음 걸어가신다.

예수님은 겸손을 선택하시고, 하나님은 그 겸손을 영광스럽게 하신다. 나귀의 주인은 새끼 나귀를 풀고 있는 낯선 사람으로부터 "주께서 쓰시겠다"는 말 한마디에 어떤 반응도 하지 않음으로 주님의 구원자 되심을 영화롭게 한다. 나귀 새끼가 예수님께로 오자 제자들은 자기들의 겉옷을 나귀 위에 걸쳐놓음으로 주님의 구원자 되심을 영화롭게 한다. 나귀를 타신 예수님이 가시는 그 길에 무리들은 그들의 겉옷을 길에 펼침으로 주님의 왕 되심을 영화롭게 한다. 무리들은 지금까지 예수님의 모든 사역을 기억하며 찬송으로 주님의 왕 되심을 찬양 한다. 하나님은 예수님께서 선택하신 겸손을 아름답고 존귀하게 높여주신다. 예루살렘을 향하여 가시는 예수님의 길을 영화롭게 하는 일련의 상황들을 보고 있던 바리새인 중 한 명이 예수님께 제자들을 책망하여 주기를 바란다. 그러나 예수님은 그들이 조용하면 돌들이 주님의 왕 되심을 외칠 것이라 말씀하신다.

예수님의 시야에 예루살렘이 들어온다. 예수님은 예루살렘을 보시며 그곳에서 하나님의 자녀들이 짓밟히게 될 상황을 마음속으로 그리신다. 돌 하나도 돌 위에 남겨지지 아니하고 완전히 무너지게 될 그 처참한 상황을 생각하며 눈물을 흘리신다. 예수님의 눈물은 예루살렘을 사랑하기에 느껴야하는 처절한 고통이요, 좌절이요, 안타까움이다.

하나님께서 택하신 백성들에게 성전을 허락하신 이유는 무엇일까. 오늘 본문에서 예수님은 성전을 "내 집은 기도하는 집"으로 묘사 하신다. 성전은 오로지 하나님을 만나는 곳이요, 하나님의 영광이 임하는 곳이다. 그런데 예루살렘의 슬픈 운명을 마음으로 안고 계시는 예수님과 대비되는 장사꾼들이 성전을 더럽히고 있다. 예수님은 그런 장사꾼들을 내쫓으시고 날마다 성전에서 하나님의 말씀을 가르치셨다. 예수님의 거침없는 행보는 힘을 가진 자들에게 제거의 대상이 되었으나 백성들에게는 용기와 희망을 안겨 주셨다.

:: 묵상 나눔

예수님은 예루살렘 성전에서 "내 집은 기도하는 집"이라고 말씀 하셨습니다. 솔로몬이 성전을 지은 후 하나님께 봉헌기도를 드리자 여호와의 영광이 그 성전에 가득하였습니다. 하나님은 솔로몬과 이스라엘 백성의 마음을 받으시고 약속하신 말씀은 "이제 이곳에서 나에게 하는 기도에 내가 눈을 들어 귀를 기울이리라 … 내 눈과 내 마음이 항상 여기에 있으리라" 입니다. 성전은 하나님의 영광이 임하는 곳이요, 백성들의 기도를 들으시는 곳이요, 하나님의 눈과 마음이 항상 머무시는 곳입니다. 성전은 하나님께서 온 마음으로 찾고 찾는 자들을 만나주시는 곳입니다. 그런데 은혜와 영광이 가득한 성전을 우리들이 찾지 않고 있습니다. 기다리시는 하나님 앞으로 나가지 않습니다. 하나님의 성전이 우리들의 마음에서 무너져버렸습니다. 하나님께서 나에게 말씀하셔도 듣고자 하지 않고, 하나님께서 나를 부르셔도 응답하지 않습니다. 성전 앞에서 물건을 팔고 있는 장사꾼과 같은 모습입니다. 예루살렘을 보시고 우셨던 예수님께서 오늘 나의 모습을 보시고 다시 눈물을 흘리십니다.

:: 기도 나눔

영광으로 임하시는 하나님 아버지, 무엇 때문에 그렇게 분주한 일상일까요. 무엇을 얻고자 하나님의 임재 앞으로 나가지 못하는 것일까요. 그 어떤 것도 나의 힘으로 할 수 없는 것을 알면서도 여전히 하나님의 은혜를 찾지 않습니다. 늘 넘어지면서도 다시 찾는 것은 세상의 방법입니다. 하나님의 은혜와 영광이 가득한 주님의 몸 된 교회를 찾게 하옵소서. 하나님의 눈과 마음이 있는 그곳 성전을 저의 삶의 중심에 두게 하옵소서.

≫ 뜻 나눔

아직 아무도 타보지 않은 나귀 - 왕이나 임금의 전용 목적의 짐승을 뜻한다.

59. 20:1-8

하나님께로부터 시작된 권위

:: 말씀 나눔

날마다 성전에서 가르치시는 예수님, 예수님의 가르치심에 귀를 기울여 듣고 있는 백성들. 이러한 풍경은 종교지도자들의 마음을 다시 복잡하게 한다. 이에 하루는 종교지도자들이 예수님께 묻기를 "당신이 무슨 권위로 이런 일을 하는지 이 권위를 준 이가 누구인지 우리에게 말하라" 묻는다. 예수님께서 자주 찾으셨던 회당과 지금 예수님께서 가르치시는 성전은 그 성격이 다르다. 회당은 지방에 세워진 것으로 종교적인 교육과 일반 교육이 이루어지는 곳이며, 그곳은 누구나 함께할 수 있는 열린 공간이다. 유대인들의 교육과 문화의 중심지이고, 누구나 와서 말을 할 수도 있고 토론을 할 수도 있는 장소다. 그러나 성전에서 일하는 사람은 오직 레위지파로 한정되어 있었고, 레위지파 중에서 제사장들이 선출되어 제사와 가르치는 일들을 담당하였다. 누구나가 성전에 들어가 가르치거나 성전과 관련된 일들을 할 수 있는 곳이 아니다. 그런데 예수라고 하는 사람이 이전에 없었던 일들을 지금 하고 있다.

예수님은 그들의 질문에 "요한의 세례가 하늘로부터냐 사람으로부터냐?"는 질문으로 대신하신다. 세례요한은 예수님을 증거 하기 위하여 태어났고, 백성들로 하여금 회개의 물결이 일게 했다. 이와는 다르게 유대 종교지도자들을 향하여는 심판을 경고하며 "독사의 자식들"과 같은 여과 없는 표현들을 사용하였기 때문에 눈엣가시와 같은 존재였다. 그러나 세례요한을 따르는 이들이 너무나 많았기 때문에 종교지도자들은 그들의 뜻대로 대할 수 없는 존재였다. 그러한 세례요한의 사역이 하나님으로부터 받은 권위라고 한다면 지금까지 요한을 반대하였던 그들에게 문제가 되는 것이고, 하나님의 종이 아니라고 한다면 요한을 따르는 백성들로부터 받을 비난이 만만치 않은 상황이다. 그러니 종교지도자들은 세례요한의 권위가 어디로부터인지 말을 할 수 없다.

종교지도자들은 지금까지의 예수님의 행적을 너무나 잘 알고 있다. 뿐만 아니라 지금 성전에서 영향력을 끼치고 있는 예수님의 가르침도 익히 들어왔던 익숙한 해석이 아닌 누구도 표현할 수 없는 강력한 메시지다. 그러니 그들의 입으로 "권위" 라는 표현을 사용한다. 처음 레위인 들에게 주어진 권위는 하나님으로부터 시작이 되었다. 그런데 하나님으로부터 시작된 권위가 그들이 누리는 힘과 권력이 되어 하나님과 백성들의 관계를 오히려 단절하도록 했다. 그러나 예수님은 하나님으로부터 시작된 권위를 사랑과 용서로 사용하셨기에 하나님과 백성들과의 관계가 회복 되어 지도록 하였고, 세상에 평화가 임하도록 하였다.

:: 묵상 나눔

하나님은 아론과 그의 아들들을 선택하여 하나님을 섬기는 제사장 직분을 행하게 하십니다. 하나님으로부터 위임을 받은 아론은 두렵고 떨리는 마음으로 온 힘을 다하여 하나님을 섬기는 제사장 직분을 감당합니다. 하나님께서 성전을 위하여 레위지파를 선택하신 것은 주인이 종에게 "한 므나"를 맡긴 것과 같습니다. 한 므나를 자기의 것으로 소유하여 손에 쥐고 있는 것이 아니라 더 많은 므나를 얻어야 하는 것처럼 성전지기를 통하여 더 많은 백성들이 하나님 앞으로 나와야하고, 거룩한 백성으로 살아가도록 해야 합니다. 성전은 하나님께서 주인이시고, 모두에게 열어놓으셨고,

누구나가 하나님을 만날 수 있는 곳입니다. 그런데 시간이 흐를수록 종교 지도자들은 성전을 맡은 자로서 본분을 다하지 못하였습니다. 그들이 성전의 주인이 되었고, 백성들로 하여금 하나님을 만나는 아름다운 길을 막아버렸습니다. 행여나 그들의 바람이 오늘 나의 바람이 되고 있지는 않은지 고민해봅니다.

:: 기도 나눔

자비로우신 하나님 아버지, 아론과 그의 아들들을 택하시고 "나를 섬기는 제사장 직분을 행하라"는 하나님의 명령을 저의 마음속에도 간직합니다. 그리스도 예수 안에서 거룩하게 하셨고, 제사장이 되게 하셨으니 오직 하나님만 섬기는 삶이 되게 하옵소서. 죄악 된 길에서 방황하는 영혼들에게 은혜를 끼치는 모습이 되게 하시고, 오늘 하루 견딜 수 없을 만큼 지친 영혼들에게 희망을 품어 회복하도록 돕는 모습이 되게 하옵소서.

≫ 뜻 나눔

하루는 - 날들 중 어느 하나로 "날마다 가르쳤다는 말을 상기"

60. 20:9-26

포도원을 포기하지 않으시는 하나님

:: 말씀 나눔

포도원의 비유는 포도원 주인과 농부들의 서로 다른 꿈을 알게 한다. 어떤 한 사람이 포도원을 만들어 농부들에게 포도원을 세로 주고 타국으로 떠났다. 여기서 포도원 주인은 하나님, 포도원은 이스라엘 백성들, 농부들은 유대 종교지도들로 설정을 한다. 포도원 주인이신 하나님은 이스라엘 백성을 선택하셨다. 하나님은 선택 된 백성들과 함께 하기를 원하셨고, 그들을 통하여 하나님의 뜻이 온 땅에 편만해지기를 바라셨다. 이에 하나님을 섬기고, 백성들을 섬길 농부인 종교지도자들을 영적리더로 세우셨다. 그런데 농부들은 하나님의 바람과 다르게 포도원인 백성들을 오히려 그들의 유익을 위하여 소유하려고 하였다. 포도원 주인이 포도원으로 돌아오는데 지체하는 만큼 농부들의 불의도 비례하여 악화되고 있다.

하나님의 때가 이르러 포도원 주인은 소출을 받기 위하여 한 종을 농부들에게 보냈다. 농부들은 포도원 주인이 보낸 종을 심히 때리고 거저 보낸다. 주인은 두 번째 종을 보낸다. 농부들은 전과 동일하게 종을 몹시 때리고 빈손으로 보낸다. 주인은 세 번째 종을 다시 보낸다. 농부들은 여전히 종을 몹시 때리고 능욕하여 주인에게 빈손으로 보낸다. 포도원 주인은 고민하며, 사랑하는 아들은 존대하겠지 하는 마음으로 사랑하는 아들을 보낸다. 그러나 사랑하는 아들은 주인의 상속자이기에 농부들은 의논하여 아들을 죽이고 유산을 그들의 것으로 만들고자 한다. 주인은 농부들의 소행이 너무나 악하였기 때문에 모두 진멸하고 포도원을 다른 사람에게 넘겨준다. 여기서 주인은 농부들을 진멸하였으나 포도원은 진멸하지 않으셨다. 포도원을 주인의 뜻대로 지켜낼 다른 사람들에게 맡기심으로 우리들을 향한 하나님의 사랑을 보여 주셨다. 우리들에게 희망의 불꽃을 다시 지펴주시는 하나님의 은혜다.

아주 똑똑한 서기관과 대제사장들은 예수님의 비유를 들으면서 이 비유는 그들을 향한 비유인 것을 깨닫는다. 예수님을 당장에 잡아 세상 권세 앞에 넘기고자 하지만 예수님을 따르는 무리들을 두려워하여 행동으로는 옮기지 못한다. 그렇게 예수님을 책잡을 기회를 엿보다가 유대인 성년 남자들이 해마다 로마에 내야하는 세금을 내는 것이 옳은지 옳지 않은지에 대하여 묻는다. 세금을 내지 않아도 된다고 하면 총독의 권세 앞에 고발을 할 수 있고, 세금을 내야 한다고 하면 유대 백성들에게 큰 실망을 안겨줄 수 있는 질문이다. 예수님은 그들의 질문에 가이사의 초상이 새겨져 있는 데나리온을 보이라 하시며, 가이사의 것은 가이사에게 하나님의 것은 하나님께 바치라고 하신다. 가히 책잡을 수 없는 답에 그들은 더 이상 말을 잇지 못하고 침묵으로 그들의 실패를 인정한다.

:: 묵상 나눔

건축자들의 버린 돌은 무의미하게 사라지지 않고 모퉁이의 머릿돌이 되어 건물의 가장 중요한 위치에 놓입니다. 건축자들은 그들의 방법으로 모퉁이의 머릿돌을 버리고 싶었지만 하나님은 하나님의 방법으로 가장 중요한 곳에 놓여지게 하십니다. 농부들은 그들의 방법으로 하나님의 사랑하는 아들을 죽였습니다. 그러나 하나님은 하나님의 방법으로 죽은 아들을 다시 살아나게 하십니다. 포도원 때문에 많은 종들이 모욕을 당했습니다. 사랑하는 아들까지 그들의 손에 죽임을 당하였습니다. 그럼에도 불구하고 하나님은 포도원을 포기하지 않으십니다. 하나님의 방법으로 성실하고 충성된 농부들을 다시 세우시고, 포도원을 위하여 수고하도록 하십니다. 악한 농부들은 포도원을 그들의 것으로 만들고자 하였으나 하나님은 하나님의 방법으로 포도원을 악한 자들로부터 지키십니다.

:: 기도 나눔

하나님 아버지, 하나님을 욕되게 하는 종이 되지 않도록 도와주시옵소서. 종으로서 서야할 자리를 알지 못해 감히 하나님의 영광을 가리는 일이 없도록 도와주시옵소서. 하나님께서 맡기신 것들에 최선을 다하게 하시어 주님 찾으실 때에 기쁨으로 드릴 수 있도록 도와주시옵소서. 세상의 것은 세상의 것으로 구별하여 두게 하시고, 하나님의 것은 분별하여 하나님의 것으로 지켜내도록 도와주시옵소서.

≫ 뜻 나눔

데나리온의 한 면은 로마 황제의 초상, 다른 면은 이름과 칭호가 새겨져 있었다.

61. 20:27-40

살아있는 자의 하나님

:: 말씀 나눔

사두개인들이라는 명칭은 "사독" 이라는 히브리어 고유명사로 다윗 왕의 시대에 제사장이었던 사독의 이름에서 시작이 된다. 이들은 솔로몬의 성전이 지어진 이후에 제사장의 임무를 담당하였고, 이후 바벨론 포로생활에서 돌아온 이후에도 유대인들은 사독의 후손들에게 성전 제사장의 임무를 이행하는 권리를 주었다. 예수님께서 활동하던 시기에는 사두개인들이 모두 제사장이 된 것은 아니었다. 사두개인들은 부활이 없다고 주장하였는데 그 이유는 그들이 모세오경인 율법만을 철저하게 믿고 있었기 때문이다. 그들이 엄격하게 지켰던 율법, 모세오경에는 "부활"이라는 언급이 직접적으로 언급되고 있지 않기 때문에 사두개인들에게 부활은 낯선 언어요, 죽음 이후에 있는 부활을 받아들이지 못한다.

이러한 사두개인들이 예수님을 찾아와 묻는다. 선생님이여 모세는 율법에서 어떤 사람의 형이 아내를 두고 자식이 없이 죽게 되면 그 동생은 형의 아내를 취하여 아이를 낳아 형의 가정에 대를 이을 것을 명령했다. 그렇다면 칠 형제가 있는데 만약에 형제 모두가 다 자식이 없어 형의 아내를 취하였으나 자식이 없이 죽고, 그 후에 아내도 죽었다면 부활 때에 그 여자는 누구의 아내가 되는 것입니까? 묻는다. 여기서 동생들은 형의 아내와 결혼을 하는 것이 아니고 아이만 낳아 주는 것이다. 사두개인들은 부활을 믿지 않았기 때문에 예수님을 곤란하게 하려는 질문을 준비한 것이다. 그러면서 동시에 죽은 자의 부활과 모세의 율법 두 가지 중에 어느 쪽에 손을 들어줄 것인지를 시험하는 것이다.

예수님은 이들의 질문에 부활은 모든 자가 가능한 것이 아니요, 합당히 여김을 받은 사람만 부활에 참여할 것이며, 부활에 참여한 사람은 장가도 가지 않고 시집도 가지 않을 것이라고 말씀하신다. 하나님의 나라는 자손을 생산하는 곳이 아니요, 가정을 이루는 곳이 아니다. 하나님의 나라는 죽음이 존재하지 않는다. 죄가 제거된 영원한 생명으로만 충만한 곳이다. 하나님에게는 모든 사람이 살아있는 곳이다. 아브라함의 하나님이고, 이삭의 하나님이고, 야곱의 하나님인 것처럼, 일곱 명의 형제 각각의 하나님이요, 아내이며 동시에 형수인 여인의 하나님이다. 하나님의 나라와 세상은 동일하지 않다. 하나님의 나라는 거룩한 곳이요, 영원하신 하나님처럼 우리들도 영원한 모습으로 살아가게 된다. 아브라함과 이삭과 야곱의 하나님이 나의 하나님이 되신다.

:: 묵상 나눔

예수님은 종종 "네 믿음이 너를 구원하였느니라"는 말씀으로 주님을 찾는 이들에게 칭찬을 아끼지 않으신 것을 보게 됩니다. 이러한 칭찬을 받은 사람들의 공통점을 보면 모두 하나님 앞에서 "나를 불쌍히 여기소서"라고 고백을 합니다. 하나님의 은혜가 아니면 살아갈 수 없다는 것을, 그 어떤 것도 회복 될 수 없다는 것을 인정하며 고백하는 마음입니다. 이와는 다르게 사두개인들이나 종교지도자들은 하나님께서 그들의 조상들에게 찾아오셨던 과거의 시간에만 머물러 있는 듯합니다. 여전히 율법이라는 울타리 안에 갇혀 있어서 울타리 밖의 세상을 판단하고 정죄합니다. 그들이 판단하고 정죄하는 울타리 밖의 풍경은 예수님의 사랑으로 가득합니다. 포로 된 자들이 자유를 누리는 풍경, 병든 자들이 회복되는 풍경, 눌린 자들이 평안을 누리는 풍경입니다. 정죄하지 않고 손을 잡아주는 풍경입니다. 판단하지 않고 사랑으로 품어주는 풍경입니다. 스스로 의인이라 하지 않고 하나님의 긍휼을 바라는 풍경입니다. 예수님께서 주인이 되시는 따뜻한 세상의 풍경입니다.

:: 기도 나눔

사랑의 하나님 아버지, 예수님께서 꾸며놓으신 아름다운 풍경을 훼손하지 않기를 간절히 소망합니다. 더 풍성하고 더 평안하기를 위해 힘을 다할 수 있도록 지혜를 주시옵소서. 유난히 아름다워 보이는 곳에 마음이 유혹되지 않게 하시옵소서. 사랑의 손길과 보살핌이 절실하게 필요한 곳을 외면하지 않게 하옵소서. 주인의 뜻에 따라 가꾸게 하시어 주인을 만족하게 하시고 기뻐하시는 풍경을 만들어 갈 수 있도록 도와주시옵소서.

≫ 뜻 나눔

형을 위한 상속자 - 신명기 25장 5-10절의 말씀 참조

62. 20:41-21:4

나의 전부를 드리는 삶

:: 말씀 나눔

유대인들의 의식 속에는 이스라엘을 가장 화려하게 했던 다윗 왕의 찬란한 영광의 때가 자리하고 있다. 하나님은 다윗의 후손에서 구원자가 나올 것을 말씀하셨기 때문에, 그 영광은 여전히 유대인들의 마음에 희망으로 살아있다. 그런 그들에게 예수님의 행적은 다윗에 이어 유대인들에게 영광을 다시 재연할 유대인의 왕으로 기대하게 했다. 예수님은 분명히 다윗의 자손이다. 그러나 다윗은 말씀을 통하여 다윗 이후에 오실 메시야를 알고 있었다. 이에 "주께서 내 주께 이르시되"라는 말씀으로 예수님의 존재를 증명한다. 여기서 첫 번째 "주"는 하나님을 의미하며 두 번째의 "주"는 예수님을 의미한다. 예수님보다 먼저 태어난 다윗이지만 예수님을 나의 주라 부른다.

예수님은 모든 백성들이 듣고 있는 가운데 제자들을 향하여 서기관들의 바르지 않는 행동을 피하라 말씀하신다. 서기관들은 긴 옷을 입음으로 경건과 학식을 자랑하였고, 화려한 장식으로 허세를 부렸다. 서기관들은 문안 받는 것을 좋아함으로 겸손한 모습이 아니라 오히려 인정을 받고자 했다. 서기관들은 윗자리를 선택함으로 다른 사람들보다 우위에 있다는 것을 드러냈다. 서기관들은 과부를 속여 연약한 과부들의 재산을 부당하게 착취하였다. 뿐만 아니라 외식으로 길게 기도하였는데, 이는 기도라고 하는 행위를 통하여 바르지 않는 것들이 모두 가려지기를 바라는 그들의 마음이었다. 예수님은 제자들이 이런 서기관들의 모습에 물들지 않기를 경고하시는데, 서기관들은 백성들보다 더 엄중한 심판이 있기 때문이다.

하나님의 마음을 버린 서기관과는 다르게 하나님의 마음을 온 마음으로 느끼고 있는 한 과부가 있다. 하나님을 사랑하는 이 과부의 소유는 두 렙돈이 전부이다. 이 과부는 하나님을 얼마나 사랑했던지 두 렙돈 전부를 하나님께 드린다. 하나님이 나에게 누구신가? 라는 질문 앞에서 하나님은 과부에게 모든 필요의 주인이 된 것이다. 하나님이 중심이 되지 않는 사람도, 하나님이 삶의 전부가 되지 않는 사람도 나의 생활을 위한 일부를 남기지 않고 온전하게 드릴 수 없다. 내가 가지고 있는 소유로 오늘을 살아야 하고, 가지고 있는 소유로 내일을 준비해야 하기 때문이다. 그러나 과부는 인간의 방법을 완전히 뒤로 하고, 오늘의 주인이요, 내일의 주인 되시는 하나님. 영원히 존재하시는 하나님께 그의 모든 것을 맡겼고, 드렸다.

:: 묵상 나눔

하나님을 얼마나 기쁘시게 했는가. 우리 그리스도인들이 스스로에게 순간마다 던져야 하는 질문입니다. 이 질문은 비뚤어진 나의 생각이 앞을 향하여 직진하고 있을 때 잠시 멈출 수 있게 합니다. 구부러진 입술의 말이 가시가 되어 누군가를 찌르고 있을 때 나의 모습을 볼 수 있게 합니다. 하나님은 나의 신앙이 나를 위한 신앙이 되는 것을 원하시지 않습니다. 나의 주위만 맴도는 영광이 되어서는 안 됩니다. 하나님을 얼마나 기쁘시게 했는가? 라는 질문에 우리는 "비움"이라는 진리로 엮어야 합니다. 예수님은 하나님의 본체였습니다. 하나님과 동등하셨습니다. 그런데 그런 모든 조건들을 하나님을 기쁘시게 하기 위하여 비우셨습니다. 비워진 곳을 하나님의 뜻으로 채우셨고, 우리들을 위한 사랑으로 채우셨습니다. 내 자신을 비우지 못하면 하나님의 뜻을 나의 마음에 채울 수 없습니다. 참 쉽지 않습니다. 수없이 나의 모난 것들과 부딪힙니다. 때로는 스스로에게 실망하며, 자책하기도 합니다. 그러나 포기하지 않고 나의 신앙이 누구를 위한 것인지 인지하여, 그 뜻을 이루기 위해 수고하는 모든 시간은 분명히 하나님을 기쁘시게 하는 시간을 향하여 달려가게 할 것입니다.

:: 기도 나눔

자비로우신 하나님 아버지, 자기가 소유한 두 렙돈 전부를 하나님께 드린 여인의 믿음을 새겨봅니다. 그리고 오늘 하루도 하나님을 얼마나 기쁘시게 했을까. 잠시나마 하루를 돌아봅니다. 잠잠히 사랑하시는 은혜 앞에서 여전히 허우적대는 시간이었습니다. 하나님, 용서해 주시옵소서. 측량할 수 없는 하나님 사랑의 깊이만 제 삶에 남게 하시옵소서. 그 깨달음으로 하나님의 뜻이 거룩해지도록 지혜와 힘을 주시옵소서.

≫ 뜻 나눔

두 렙돈 - 팔레스타인에서 사용하던 화폐단위로 한 데나리온의 백 분의 일

63. 21:5~19

하나님의 영광이 나타나는 성전

:: 말씀 나눔

예수님과 끊임없이 대립각을 세우고 있는 바리새인과 서기관들이다. 그들은 종교지도자로서 하나님의 명령을 완벽하게 지키며 살아간다고 자부하는데 예수님의 책망은 여전하다. 이에 종교지도자들 중 어떤 사람들이 성전을 가리키며 저 성전은 아름다운 돌과 우리들의 헌물로 꾸며졌다고 말한다. 이 말은 곧 우리는 힘을 다하여 성전을 세웠고, 특별한 정성과 관심을 가지고 관리하고 있는데, 왜 당신은 그렇게 책망만 하십니까?는 의미다. 종교지도자들의 변명 아닌 변명에 예수님은 오히려 "날이 이르면 돌 하나도 돌 위에 남지 않고 다 무너뜨려지리라" 말씀하신다. 예루살렘 성전은 AD 70년 돌 하나도 돌 위에 남지 않고 무너진다. 로마의 멸망을 원했던 유대인들의 바램과는 다르게 오히려 로마에 의해 무너진다.

예수님께서 예루살렘 성전이 무너질 것을 말씀하시자 그들은 그런 일이 일어날 때 어떤 징조가 있을 것인가 묻는다. 성전이 무너지는 이유보다 나타날 징조에 더 관심을 가지고 있다. 예수님도 그들의 질문에 흐름을 바꾸시어 종말의 때에 있을 징조와 주의사항을 말씀하신다. 먼저 종말의 때에는 미혹을 받지 않도록 주의해야 한다. 많은 사람이 거짓 선지자가 되어 내가 그리스도라 외칠 것이기 때문이다. 두 번째는 난리와 소요의 소문이 들려와도 두려워하지 말라 하신다. 그런 소문은 쉽게 사라질 세상의 소리일 뿐이다. 그때 징조는 번개가 하늘 아래 이쪽에서 번쩍이어 하늘 아래 저쪽까지 비침같이 분명하게 나타나게 될 것이다.

예수님은 계속하여 민족이 민족을, 나라가 나라를 대적하여 일어나는 정치적인 변화와 자연재해가 일어날 것을 말씀하신다. 민족이 민족을 대적하고 나라가 나라를 대적하는 것을 볼 때 우리들이 말할 수 있는 것은 무엇인가. 세상은 결코 사람들이 원하는 합일점을 찾을 수 없는 한계를 가지고 있는 존재일 뿐이다. 평화를 이룰 수 없고, 화평을 위해 그 어떤 일도 할 수 없는 존재이다. 자연재해는 어떠한가. 곳곳에서 일어나는 지진과 기근과 전염병이 세상과 사람들의 삶을 황폐하게 하지만 어떤 지혜로도 이러한 일들을 막을 수 없다. 예수님을 따르는 제자들은 어떠한가. 세상 집권자들 앞에 끌려갈 것이다. 심지어 부모와 형제와 친척과 벗을 통하여 죽임을 당하게 된다. 아픈 시간이지만 예수님의 이름으로 당하는 모든 고난 가운데 하나님께서 함께 하실 것이다. 참고 견디어 낼 때 하나님은 머리털 하나도 상하지 않도록 하시며, 지혜를 주시어 모든 대적이 능히 넘어뜨리지 못하도록 도우실 것이다.

:: 묵상 나눔

하나님의 역사 속에 함께 하며 이스라엘 백성들의 정체성을 견고하도록 했던 예루살렘 성전이 무너질 것을 말씀하십니다. 그런데 예루살렘 성전이 무너졌던 상황들을 보면 모두 동일합니다. 솔로몬 성전도, 스룹바벨 성전도 무너져야하는 이유는 하나님을 경외하지 않았고, 명령을 지키지 않았기 때문입니다. 하나님이 어떤 분이신가에 대한 질문보다 제사하는 일이 우선순위가 되었습니다. 하나님이 누구신가에 대한 질문보다 성전을 관리하고 섬기는 일에 더 관심을 가지고 있었습니다. 하나님께서 원하시는 뜻보다 보여 지는 모습이 그들에게 중요했습니다. 하나님의 뜻이 성전 안에서 이루어질 때 어떤 은혜가 임하였을까요. 솔로몬 왕이 여호와의 언약궤를 지성소에 들이게 되자 여호와의 영광이 여호와의 성전에 가득하였다고 기록합니다. 그 영광스러운 구름으로 말미암아 제사장이 능히 서서 섬기지 못하였다고 전합니다. 그 시대를 이끌어 가셨던 하나님의 영광은 오늘 우리들이 하나님의 명령을 따라 살아가려고 노력할 때 누릴 수 있는 영광이 됩니다. 하나님의 영광이 가득한 성전은 우리들의 영적 눈을 가리는 곳이 아니라 하나님의 임재를 보도록 해야 합니다.

:: 기도 나눔

하나님 아버지, 세상의 소리를 좋아하는 하나님의 성전입니다. 세상의 화려함을 사랑하고 바라는 성전입니다. 긍휼히 여기시어 하나님의 임재를 바라는 성전이 되게 하옵소서. 하나님을 경외하며, 하나님의 명령을 지키기 위하여 늘 힘쓰고 노력하여 하나님의 영광이 되는 성전이 되도록 성령님 도와주시옵소서.

≫ 뜻 나눔

영혼을 얻으리라 - 목숨/ 생명을 얻으리라

64. 21:20~38

항상 기도하며 깨어 있으라

:: 말씀 나눔

예루살렘의 멸망을 묘사하시는 예수님의 말씀이 다시 시작된다. 이는 예루살렘의 멸망은 곧 종말의 시작이 되기 때문이다. 멸망이 가까워지면 가장 먼저 예루살렘이 군대들에게 에워싸이게 된다. 세상의 군대는 예루살렘을 더럽히고, 황폐하게 할 것이다. 그 때가 되면 유다에 있는 사람들은 산으로 도망하고, 예루살렘 성내에 있는 사람들은 그곳을 떠나야 하며, 촌에 있는 자들은 성내로 들어가지 말아야한다. 아이 밴 자들과 젖먹이는 자들에게 화가 있을 것이며, 예루살렘은 이방인들에게 짓밟히게 될 것이다. 혼란에 혼란이 끊어지지 않는데 그 소요는 하늘의 권능이 흔들리기까지 계속 될 것이다. 그러나 그 때에 그리스도가 영광으로 임하신다. 그 때에 주님의 백성들은 구름을 타고 능력과 큰 영광으로 오시는 주님을 보게 된다. 구원이 가까워지고 있으니 머리를 들어 주님의 재림을 기쁨으로 맞이할 것이다.

예수님은 자연의 법칙을 비유로 들어 재림에 대한 확신을 더욱 갖게 한다. 무화과나무를 비롯한 모든 나무는 여름이 오기 전에 잎이 돋는다. 그러니 늘 그래온 것처럼 겨울을 이겨낸 앙상한 가지에 싹이 나고 잎이 푸르기 시작하면 여름이 가까이 왔다는 것을 알게 된다. 자연의 법칙으로 계절을 읽는 것처럼 세상에 환난이 시작되면 하나님의 나라, 인자의 재림이 가까이 왔다는 것을 알아야 한다. 비록 하늘과 땅은 없어질지라도 예수님께서 하신 말씀은 절대로 없어지지 않을 것이다. 예수님께서 말씀하신 모든 일들은 온 세계에 반드시 이루어지며, 그 때에는 하나님의 영광이 온 땅에 충만하도록 하실 것이다.

"항상 기도하며 깨어 있으라" 예수님은 오늘을 살아가고 종말의 때를 이겨내야 하는 우리들에게 항상 기도하며 깨어 있으라고 말씀하신다. 깨어 기도하지 않으면 방탕함과 술취함의 모습으로 살 수밖에 없다. 방탕이나 술취하는 것은 시간을 허비하는 것이다. 나의 책임을 다하지 않고 아무런 생각도 없이 시간을 흘려보내는 것이다. 생각하지 않고 고민하지 않는 것은 세상과 맞서지 않는 것이다. 또한 기도하지 않으면 생활의 염려가 가득하여 하나님을 향한 마음이 둔하여지도록 한다. 깨어 기도하지 않으면 임하게 될 환난의 때에 사람들은 인자 앞에 설 수 없다. 그 날에 인자 앞에 설 수 있도록 늘 깨어 기도해야 한다.

예수님은 이 모든 말씀을 마치시고 낮에는 성전에서 가르치시고 밤에는 감람산에서 쉬신다. 모든 백성은 예수님의 말씀을 듣기 위하여 이른 아침부터 성전을 찾는다.

:: 묵상 나눔

우리 그리스도인들은 하나님의 나라를 꿈꾸며 힘든 오늘을 살아갑니다. 힘들고 지친 상황은 계속인데 하나님의 약속은 그저 멀게만 느껴집니다. 그럼에도 세상은 우리 가까이에서 화려한 것으로 유혹합니다. 정신을 차릴 수 없을 정도로 위험은 반복하여 찾아옵니다. 매일매일 두려움을 이겨내야 하고 고통과 근심을 참아내야 합니다. 보이는 것이 전부인 것 같은 세상에서, 사방으로부터의 공격에서 나의 자리를 지켜내야 합니다. 결코 만만하지 않는 일상입니다. 그러나 이러한 세상은 영원하지 않습니다. 주님 다시 오시는 때까지만 나타나는 현상입니다. 우리는 영원하신 성령님이 함께하십니다. 성령님은 내 안에 임재 하여 하나님 나라에 속한 사람으로 오늘을 살아가도록 도우십니다. 세상이 가지고 있는 힘보다 더 크고 위대한 능력으로 우리들의 삶에 함께하십니다. 하나님의 뜻과 목적과 완성을 위한 연속선상에서 오늘을 살아가도록 도우십니다. 오늘 내가 이겨내야 하는 모든 시간 속에서 함께 해주십니다. 지금까지 나의 삶을 인도하신 보이지 않는 힘, 그 힘은 나의 자리를 지키기 위하여 최선을 다할 때 더욱 뜨거운 마음이 되도록 하십니다. 우리는 그런 존재입니다.

:: 기도 나눔

하나님 아버지, 항상 기도하며 깨어 있어 하나님의 뜻을 분별할 수 있도록 도와주시옵소서. 파도의 성난 소리로 혼란하고 곤고함이 찾아와도 흔들리지 않도록 도와주시옵소서. 주님 구름타시고 영광으로 임하실 때 머리 들어 그 영광에 참여할 수 있도록 도와주시옵소서. 장차 올 모든 일을 능히 피하여 주님 앞에 설 수 있도록 도와주시옵소서.

≫ 뜻 나눔

이방인의 때가 차기까지 - 로마의 승리가 끝날 때까지

65. 22:1-6

하나님의 기억과 사탄의 지배

:: 말씀 나눔

하나님은 갈대아인의 우르에서 아브라함을 이끌어내시고, 내가 네게 보여 줄 땅으로 가라 말씀하신다. 그런데 약속의 땅을 들어가기 전에 아브라함의 자손은 이방 땅에서 400년 동안 객이 될 것이며, 이방사람들에게 괴롭힘을 당할 것이라 말씀하신다. 야곱의 자손이 처음 애굽을 찾았을 때에는 애굽에서 총리가 된 요셉의 권력으로 평화를 누렸다. 그러나 시간이 흘러 요셉을 알지 못하는 왕들이 세워지면서 노예로 전락하게 된다. 이방 땅에서 괴롭힘을 당할 것이라는 하나님의 말씀대로 애굽의 노예가 되어버렸고, 그런 이스라엘 자손은 고된 노동으로 탄식하며 하나님께 부르짖는다. 하나님은 그들의 고통 소리를 들으셨고, 아브라함과 이삭과 야곱에게 세운 언약을 기억하셨다. 하나님의 기억은 철옹성과 같은 애굽의 벽을 유월절 어린 양의 피로 무너뜨리고, 약속의 땅 가나안을 향하여 출발하게 하신다.

유월절 어린양의 피, 이스라엘 백성들에게는 잊어버릴 수 없는 은혜의 날이다. 애굽왕 바로의 마음은 너무나 완악하여져서 노예 된 이스라엘 백성들을 순수하게 내주지 않는다. 이미 아홉 가지의 재앙이 애굽 사람들과 온 땅을 힘들게 했음에도 여전히 굽히지 않는다. 이에 하나님은 마지막으로 애굽의 모든 장자를 죽일 것을 말씀하시며, 이스라엘 백성들에게 어린 양을 잡아 그 피를 집 좌우 문설주와 인방에 바르라고 명령하신다. 그러면 하나님이 다스리는 죽음의 사자가 애굽 전역을 돌 때에 어린 양의 피가 있는 곳에는 재앙을 내리지 않고 넘어갈 것이라고 말씀 하신다. 하나님의 말씀은 그대로 이루어졌다. 이런 놀라운 일을 행하신 유월절을 이스라엘 백성들은 해마다 가장 큰 명절로 지키면서 그들의 조상들이 어떻게 애굽에서 해방이 되게 되었는지를 기억한다.

예수님의 공생애가 시작된 이래로 시간이 흐르면 흐를수록 마음이 불편한 사람들은 종교지도자들이다. 어떻게든지 예수님을 죽일 이유를 찾고자하지만 기회는 쉽게 열리지 않는다. 유월절이 가까워지는 시점에서 예수님의 열두제자 중에 가룟인이라 불리는 유다에게 사탄이 들어간다. 사탄에 의하여 예수님으로부터 마음이 떠난 유다는 종교지도자들을 찾아가 예수님을 넘길 방법을 의논한다. 종교지도자들은 그렇게 바라던 간절한 바람이 이루어지려고 하자 유다에게 돈을 주기로 약속 하고 주님을 따르는 무리가 없을 때 넘겨 줄 기회를 찾는다.

:: 묵상 나눔

예수님의 열두제자 중 가룟인 유다에게 사탄이 들어가게 되었습니다. 사탄에게 넘겨진 유다의 생각은 무엇을 잊어버렸을까요. 사탄은 유다로부터 예수님을 향한 마음을 빼앗아 갔습니다. 사탄은 유다에게 예수님의 사랑을 잊어버리게 했습니다. 사탄은 유다에게 예수님과 함께 했던 은혜와 능력의 시간을 무의미하도록 했습니다. 이런 모든 일련의 과정을 통하여 사탄은 유다를 이끌어 종교지도자들에게 예수님을 넘기도록 했습니다. 사탄의 지배를 받고 있는 유다의 모든 행동은 눈엣가시가 되어버린 예수님을 세상 권력 앞에 무릎 꿇게 하고자 했던 대제사장들과 서기관들로부터 환영을 받습니다. 이미 세상 사람이 되어버린 유다는 종교지도자들과 함께 예수님을 넘길 방도를 의논하고, 종교지도자들은 기뻐하며 유다에게 고마움에 대한 대가를 지불할 것을 약속합니다. 사탄은 유다가 가지고 있는 가장 약한 부분을 파고들었습니다. 예수님을 향한 보배로운 마음을 빼앗아 갔습니다. 유다를 움직였던 사탄은 오늘 우리들의 마음을 움직이려고 힘을 씁니다. 나의 가장 약한 부분을 파고들어옵니다. 오늘 우리가 말씀과 기도로 깨어 있어야 하는 이유입니다.

:: 기도 나눔

하나님 아버지, 오늘도 사탄으로부터 지배를 받지 않기를 간절히 기도합니다. 어느 한순간도 주님의 깨닫게 하는 영이 떠나지 않기를 간절히 기도합니다. 행여나 주님의 영원한 생명을 뒤로하고 세상을 따르려하거든 성령님께서 친히 그 길을 막아주시옵소서. 구원의 은혜를 잊어버리고 세상을 따르려하거든 성령님께서 친히 영안을 열어 분별할 수 있도록 도와주시옵소서. 모든 시간이 주의 영안에 머무르도록 도와주시옵소서.

≫ 뜻 나눔

무교절 - 유월절 뒤에 이어지는 1주, 예수님의 시대는 거의 같은 것으로 여김

66. 22:7-23

하나님께 드린 예수님의 감사기도

:: 말씀 나눔

유월절은 유대인들이 출애굽이후부터 지켜온 절기다. 유대인 중에 20세 이상이 된 남자는 유월절을 지키기 위하여 예루살렘을 향하여 올라갔다. 유월절은 니산월(유대력 1월) 14일 저녁에 시작된다. 당시 역사가인 요세푸스의 기록을 보면 유월절 예루살렘에서 희생양으로 잡은 양의 숫자가 256,500여 마리였다고 한다. 그리고 2,700,000여명의 유대인들이 예루살렘에 모였다고 기록한다. 유대인의 많은 사람들은 자기를 성결하도록 하기 위하여 유월절 전에 예루살렘을 향하여 올라갔다고 기록한다.

유월절 양을 잡는 날이 되었다. 예수님은 베드로와 요한에게 유월절을 준비하도록 하신다. 두 제자는 "어디서 준비하기를 원하시나이까" 묻는다. 예수님은 너희가 성내로 들어가면 물 한 동이를 가지고 가는 사람을 만나리니 그를 따라 들어가 주인에게 선생님이 내 제자들과 유월절에 먹을 객실이 어디있냐 물으면 주인은 자리를 마련할 수 있는 큰 다락방을 보이리니 거기서 준비하라 말씀하신다. 제자들은 예수님께서 말씀하신대로 성내로 들어가 말씀하신대로 물 한 동이를 가지고 가는 사람을 만났고, 유월절 준비를 위해 방을 내어줄 주인을 만났다. 그리고 그가 내준 다락방에서 유월절을 준비한다.

때가 이르매 예수님은 제자들에게 너희와 함께 유월절 먹기를 간절히 원하였다고 말씀하신다. 예수님께는 세상에서 지키는 마지막 유월절이 될 것이기에 하나님의 나라에서 이루기까지 다시 먹지 않을 것이라고 말씀하신다. 하나님의 나라가 임할 때까지 다시 나누지 않을 것이 또 있다. 예수님은 잔을 받으사 감사기도 하시고 제자들에게 나누게 하신 후에 포도나무에서 난 것을 다시 마시지 아니하리라 말씀하셨다. 또 떡을 가져 감사기도 하시고 떼어 제자들에게 나누어 주시며 “너희를 위하여 주는 내 몸이라 너희가 이를 행하여 나를 기념하라” 말씀하셨다. 식사 후에 잔도 그와 같이 하시고 “이 잔은 너희를 위하여 흘리는 내 피로 세우는 새 언약이다”라고 말씀하셨다. 예수님은 이제 새 언약을 세우시기 위하여 작정하신 십자가의 길을 가셔야 한다. 이미 사탄이 들어간 유다는 인자를 넘기는 자가 될 것이다. 그럼에도 예수님이 나누시는 마지막 유월절 만찬 자리에 함께 한다. 예수님은 유다를 향하여 “인자를 파는 그 사람에게는 화가 있을 것이다” 말씀하신다.

:: 묵상 나눔

“내가 고난을 받기 전에 너희와 함께 유월절 음식을 함께 먹기를 원하고 원하였노라” 죽음을 앞둔 예수님께서 마지막 유월절을 지키시며 제자들에게 하신 말씀입니다. 예수님은 늘 제자들과 함께하셨고, 하나님의 뜻을 제자들에게 말씀하셨습니다. 예수님의 제자들은 어떠했을까요. 제자들은 예수님의 행보와 늘 함께 하면서도 예수님의 뜻을 다 이해하지 못하였습니다. 동상이몽과 같이 예수님이 꾸셨던 꿈과 제자들이 꾸는 꿈은 동일하지 않았습니다. 가룟인 유다의 행동은 확실하게 그 증거의 마침표를 찍어줍니다. 그러나 예수님은 마지막 유월절 식사를 그런 제자들과 함께 할 수 있기를 간절히 바라셨습니다. 예수님은 제자들과 함께 잔을 나누시기 전에도, 떡을 떼시기 전에도 하나님께 감사기도를 드립니다. 십자가의 고통을 앞둔 예수님께서 그런 제자들에게 기대하시는 감사는 무엇일까요. 지금까지 함께하신 하나님의 은혜는 앞으로도 지속 될 것이고, 성령님이 함께 하실 것을 기대하시는 감사입니다. 지금은 비록 허우적대는 제자들이지만 성령님의 임재는 이전과는 다른 제자들이 되게 할 것을 기대하시는 감사입니다. 이제 예수님은 지금까지 그러하셨던 것처럼 우리들을 위해 기도해 주십니다. 그 은혜를 우리는 지금 누리고 있습니다.

:: 기도 나눔

하나님 아버지, 제자들이 높은 자리를 차지하고자 다투고 있을 때, 사탄에 넘어져 은 삼십에 예수님을 넘겨주고 있는 유다를 바라보실 때, 생명의 말씀을 들어도 온전히 깨닫지 못하고 있는 제자들을 보실 때 주님의 마음은 어떠하셨을까 생각해봅니다. 저의 부족한 모든 시간을 품으신 예수님의 사랑을 항상 기억하게 하옵소서.

≫ 뜻 나눔

너희를 위하여 붓는 - 너희를 위하여 흘리는

67. 22:24-38

네 믿음이 떨어지지 않기를

:: 말씀 나눔

예수님에게는 마지막 만찬의 자리이지만 제자들에게는 예수님의 메시지가 이전과는 사뭇 다르게 느껴질 뿐이다. 그러니 제자들은 자리다툼에 여념이 없다. 세상의 집권자들이 권력을 가진 이유는 높은 자리를 얻기 위한 것이다. 권력 아래에 있는 연약한 자들을 다스리고, 그들로부터 칭찬과 인정을 받고자 한다. 대부분의 사람들은 앉아서 먹기를 원한다. 누구도 섬기기를 원하지 않는다. 그런데 세상 집권자들 위에 계시는 예수님은 앉아서 먹기를 원하지 않으셨다. 예수님을 따르는 무리들과 함께 하셨고, 병약한 자들의 필요를 채워주시기 위하여 늘 분주하셨다. 예수님의 한걸음 한걸음은 영원한 생명을 위한 움직임이었다.

늘 섬기기를 요구하셨던 예수님께서 제자들에게 "내 아버지께서 나라를 내게 맡기신 것 같이 나도 너희에게 맡겨 내 나라, 내 상에서 먹고 마시며 이스라엘의 열두지파를 다스리게 하려 하노라"는 약속의 말씀을 하신다. 예수님의 모든 시험 가운데 항상 함께하고 있는 제자들에게 주시는 예수님의 보상이다. 예수님은 제자들에게 이 약속을 하시고 계속하여 시몬 베드로에게 "내가 너를 위하여 네 믿음이 떨어지지 않기를 기도하였다" 말씀하신다. 베드로는 예수님의 말씀에 힘을 얻어 "내가 주와 함께 옥에도, 죽는 데에도 가기를 각오하였나이다." 고백하지만 그런 베드로에게 예수님은 "오늘 닭 울기 전에 네가 세

번 나를 모른다고 부인하리라" 말씀하신다.

예수님은 10장에서 70인을 세워 각 동네와 각 지역으로 보내셨다. 그 때는 전대와 배낭과 신발을 소유하지 말라고 하셨다. 그런데 이제는 전대, 배낭을 소유하고, 검이 없는 자는 겉옷을 팔아 준비하라고 말씀하신다. 예수님의 수난은 제자들에게도 지금까지와 전혀 다른 상황들이 기다리고 있다는 것을 알게 한다. 제자들의 선교는 하나님께서 공급하여 주시는 힘과 능력으로 감당하지만 동시에 사탄의 공격도 끊임없이 위협한다. 10장에서의 제자들의 선교는 100%가 하나님께서 공급하시는 능력이었다. 그들의 힘이나 소유는 하나도 없었다. 그러나 이제는 하나님께서 주시는 능력과 함께 사탄의 공격을 만나야 된다. 사탄은 어떤 방법이나 어떤 모습으로 제자들을 공격할지 전혀 알지 못한다. 오직 깨어있음으로 제자들의 믿음이 떨어지지 않도록 기도하시는 주님과 함께 하는 것만이 승리할 수 있는 길이다.

:: 묵상 나눔

오늘 말씀에서 예수님은 베드로에게 "네 믿음이 떨어지지 않기를 기도하였노라" 말씀하십니다. 예수님께서 부활하시고 승천하신 이후에 원시교회를 이끌어 갈 수 있었던 힘도, 어떤 상황에서도 믿음을 잃지 않을 수 있었던 것도 베드로의 힘으로 이루어진 것이 아닙니다. 예수님께서 베드로의 믿음이 떨어지지 않기를 위하여 기도하셨기에 승리할 수 있었습니다. 제자들이 그러했던 것처럼 우리들도 높은 자리를 찾고 그곳에 앉기를 원합니다. 예수님을 부인할 상황을 만날 수도 있습니다. 사탄은 언제나 우리들이 약할 그때를 찾고 있으며, 넘어뜨리기 위하여 모든 시간을 예의주시하고 있습니다. 우리들이 자신할 수 있는 것은 한순간도 없습니다. 우리의 모든 시간은 사탄의 공격이라고 하는 위험에 노출이 되어있습니다. 우리는 아주 작은 일들에, 아주 사소한 일들에 넘어지고 후회합니다. 그럼에도 오늘 또 하루의 일상을 펼쳐갈 수 있는 것은 예수님의 우리를 위한 기도가 있기 때문입니다. 하루를 다 이해하지 못하고, 받아들이지 못하고, 사랑하지 못하여도 예수님의 사랑은 이 모든 것들을 품어주시기 때문입니다. 예수님의 사랑이 오늘도 우리를 살아가게 합니다.

:: 기도 나눔

하나님 아버지, 하루를 돌아보면 참 많은 생각들이 있었습니다. 누군가를 원망하는 생각이 있었고, 미워하는 생각도 있었습니다. 선하지 않은 일에 참 일관성 있게 행동했습니다. 용서해 주시옵소서. 마음을 살피시는 하나님께서, 하나님의 뜻대로 우리를 위하여 기도하시는 성령님께서, 우리의 믿음이 떨어지지 않도록 기도하시는 주님께서, 사탄의 공격을 이겨낼 수 있는 힘을 주시옵소서. 그 은혜로 오늘을 승리하도록 도와주시옵소서.

≫ 뜻 나눔

은인 - 헬라-로마 세계에서 방백들, 로마의 황제, 신들에게 주어진 영예로운 칭호

68. 22:39-53

하나님의 뜻이 이루어지기를

:: 말씀 나눔

제자들과 함께 했던 마지막 유월절 식사, 예수님의 마지막 고별설교에 이어 이제는 예수님의 마지막 기도가 이어진다. 어두운 시간 예수님은 습관을 따라 감람산을 오르셨다. 수난을 앞둔 예수님의 마음은 어떠하셨을까. 이러한 상황 속에서 예수님의 마음을 읽을 수 있는 기도의 내용을 보면 "아버지여 만일 아버지의 뜻이거든 이 잔을 내게서 옮기시옵소서"이다. 즉 하나님 뜻을 이루기 위한 다른 길, 다른 방법은 없을까요? 물으시는 것이다. 하나님을 영화롭도록 하기 위해서 꼭 통과하셔야 하는 그 길이 두려움이요, 고통이다. 그러나 예수님의 더욱 간절한 기도는 무엇인가. "그러나"이다. "그러나 내 원대로 마시고 아버지의 원대로 되기를 원하나이다" 하나님의 뜻, 하나님의 방법에 예수님은 그렇게 순종하신다.

예수님께서 바라시는 방법과 길을 뒤로하고, 하나님의 방법과 뜻이 이루어지기를 기도하시는 주님. 하나님은 예수님께서 순종을 선택하실 때 천사를 보내시어 힘을 더하도록 도우신다. 예수님은 주어진 길을 이겨내기 위하여 힘쓰고 애써 더욱 기도하신다. 하나님께서 더하여 주시는 능력 안에서 예수님의 간절함이 더하여지자 기도하면서 흘리는 땀이 땅에 떨어지는데 핏방울 같이 되었다고 말씀한다. 고뇌에 찬 예수님의 마음이 하나님께서 보내신 성령 안에서 그대로 나타나고 있다. 땀방울이 핏방울이 되는 것은 하나님께서 주시는 강하고 담대함이 있지만 인간이기에 느껴야하는 두려움이요, 근심이다.

예수님과 함께 감람산에 오른 제자들은 "유혹에 빠지지 않게 기도하라"는 말씀을 들었다.

그러나 기도를 마치시고 오신 예수님의 눈에 잠들어 있는 제자들이 들어온다. 피곤하기 때문에 잠이 들었겠지만 유혹을 이기는데 가장 중요한 것은 기도이다. 기도의 비밀을 아시는 예수님은 시험에 들지 않도록 깨어 기도하라 말씀하셨다. 예수님께서 깨어 기도하라 말씀하고 계실 때에 유혹에 넘어진 제자 유다가 한 무리를 데리고 온다. 종교지도자들과 이미 한 약속대로 유다가 예수님께 입을 맞추려고 하자 예수님은 유다에게 네가 입맞춤으로 인자를 파느냐 말씀하신다. 예수님은 찾아온 무리들에게 그 어떤 저항도 하지 않으시고 다만 이제는 어둠의 때요 어둠의 권세로다 말씀하심으로 그들의 행동에 몸을 맡기신다.

:: 묵상 나눔

여호와 하나님은 오늘을 살아가는 우리들에게 "내 생각은 너희의 생각과 다르며 내 길은 너희의 길과 다르다" 말씀하셨습니다. 다름의 차이는 하늘이 땅보다 높음같이 하나님의 길과 생각은 우리의 길보다 높으며 우리의 생각보다 높음입니다. 그러니 우리는 하나님의 능력의 크기를 다 알 수 없고, 지혜의 오묘하심을 다 이해할 수 없습니다. 예수님께서 습관에 따라 기도하신 이유가 여기에 있습니다. 예수님은 죄악으로 물들어버린 세상을 구원하는데 있어 십자가의 수난이 답이 아니기를 바라셨습니다. 좀 더 쉬운 길, 쉬운 방법으로 하나님의 뜻이 이루어질 수 있기를 기도하셨습니다. 그러나 하나님은 하나님의 방법을 바꾸지 않으십니다. 오히려 예수님의 기도를 바꾸어 놓으셨습니다. 하나님은 성령님과 함께 예수님의 기도를 도우셨고, 결국은 승리하도록 하셨습니다. 하나님은 우리들에게 사명을 주셨습니다. 그런데 그 사명을 내 힘으로는 감당할 수 없습니다. 맡기신 하나님께서 함께 해주셔야 가능한데, 가능하도록 하는 도구가 바로 기도입니다. 우리는 하나님의 이름을 부를 수 있습니다. 하나님의 능력을 누릴 수 있는 자로 선택을 받았습니다. 우리는 하나님의 은혜의 보좌 앞에 나와 기도함으로 하나님의 뜻을 나의 뜻으로 바꾸어 승리할 수 있는 자들입니다.

:: 기도 나눔

하나님 아버지,
저희들에게 하나님의 뜻을 알 수 있는 기도를 드릴 수 있게 하시니 감사합니다. 간절히 기도하며 은혜를 구할 때마다 성령의 능력으로 힘입게 하시니 감사합니다. 하나님, 하나님의 길, 하나님의 생각을 다 알 수 없습니다. 하나님의 뜻을 이루는 오늘이 되기를 소망하는데 그 길과 그 방법을 알 수 없으니 늘 넘어집니다. 지혜를 주시고 힘을 주셔서 기도의 내용이 늘 하나님의 방법으로 채워지게 하옵소서.

≫ 뜻 나눔

힘쓰고 애써 - 고민 혹은 번민 가운데 계시면서

69. 22:54-71

예수님의 눈과 마주친 베드로

:: 말씀 나눔

하나님의 뜻을 이루기 위하여 세상의 권력 앞에 그 어떤 저항도 하지 않으신 예수님은 죄인의 신분이 되어 대제사장의 집으로 끌려 들어간다. 예수님을 멀찍이서 뒤따르던 베드로도 사람들이 불을 피워둔 뜰 가운데로 가서 앉는다. 그 때에 한 여종이 불빛을 향하여 앉아 있는 베드로를 보고 이 사람도 예수와 함께 있었노라 말한다. 전혀 예상하지 못한 상황을 만난 베드로는 내가 그를 알지 못하노라 부인한다. 조금 후에 다른 사람이 베드로를 향하여 너도 예수와 같은 무리라고 말한다. 베드로는 자신을 방어하기 위하여 강한 어조로 나는 그 무리를 모른다고 말한다. 한 시간쯤 있다가 또 한사람이 장담하며 말하기를 이 사람은 갈릴리 사람이니 참으로 예수와 같이 있었노라 하니, 베드로는 당신이 하는 말을 나는 알지 못하겠노라 말한다. 베드로의 부인이 끝나자 닭이 곧 운다.

닭의 울음소리가 들려오자, 오늘 닭 울기 전에 네가 나를 세 번 부인하리라 하신 예수님의 말씀이 머릿속을 혼란스럽게 한다. 베드로는 예수님이 계시는 곳으로 시선이 향한다. 그때 예수님은 베드로가 앉아 있는 곳을 향하여 돌아보시고 베드로는 예수님의 눈과 마주친다. 베드로는 더 이상 그 자리에 있을 수 없어 밖으로 나가서 비통하게 운다. 주와 함께 옥에도, 죽는 데에도 가기를 각오하였던 베드로는 사람들 앞에서 주님의 제자인 것을 알리지 못했다. 예수님께서 홀로 이겨내시고 있는 세상의 소리를 베드로는 감당하지 못한다.

군병들에 의해 조롱을 당하시나 예수님은 참으신다. 예수님의 얼굴을 가리고 때린 후에 누구의 소행인지 알아맞히기를 요구하지만 여전히 예수님은 참으신다. 군인들에 의해 조롱을 당한 밤이 지나 날이 밝자 예수님은 대제사장들과 서기관들에 의하여 공회로 끌려간다. 예수님을 죽일 방도를 찾기 위하여 이미 입을 맞춘 그들은 신성모독이라는 죄목을 얻기 위하여 "네가 그리스도이거든 우리에게 말하라" 질문 한다. 예수님은 저들의 질문에 "인자가 하나님의 우편에 앉아 있으리라" 말씀하신다. 그러자 종교지도자들은 다시 "네가 하나님의 아들이냐" 묻고, 예수님은 그들에게 "너희들이 내가 그라고 말하고 있다"고 말씀하신다.

:: 묵상 나눔

예수님께서 가시는 곳에 베드로는 언제나 함께 했습니다. 예수님의 모든 동선에서 가장 가까이 주님의 발자취를 따랐습니다. 베드로는 예수님이 끌려가신 대제사장의 집 뜰까지 뒤따라갔습니다. 누구보다 예수님을 사랑했던 베드로의 마음입니다. 그런 베드로에게 씻을 수 없는 아픈 현실이 찾아옵니다. 세상의 권력 앞에 저항하지 않으시는 예수님과는 다르게 그 사람들 앞에서 예수님을 알지 못하는 사람이라고 부인한 것입니다. 더 가슴이 아픈 것은 주님을 모른다고 부인하고 있는 그때 닭의 울음소리와 함께 고개를 돌려 베드로를 바라보시는 예수님의 눈빛입니다. 예수님의 마음도 베드로의 마음도 함께 무너져 내립니다. 베드로의 연약함은 오늘을 살아가는 우리들에게도 익히 나타나는 현상입니다. 우리들이 아무리 고민하며 쥐어짜도 결코 만들어 낼 수 없는 것이 하나님의 은혜이고, 세상에서 답을 찾을 수 없는데... 그 진리를 알면서도 여전히 무너집니다. 마음과는 다른 행동들이 따라다닙니다. 예수님은 제자들에게 "유혹에 빠지지 않도록, 시험에 들지 않게 기도하라" 말씀하셨습니다. 우리는 도우시는 성령님이 함께 하지 않으시면 한걸음 앞으로 나갈 수 없습니다. 우리의 연약함을 알고 은혜를 구하며 기도할 때, 우리의 마음을 살피시는 하나님은 가장 좋은 방법으로 우리들을 지켜주십니다. 하나님의 은혜는 오늘도 나와 함께 합니다.

:: 기도 나눔

은혜의 하나님 아버지,

죄인 된 우리들을 위하여 조롱을 참아주셔서 감사합니다. 일상에서 매일 반복되는 죄로 늘 부끄러운 모습이지만 하나님의 자녀로 살아가게 하시니 감사합니다. 하나님, 세상을 이길 힘이 저희들에게는 없습니다. 주님을 영화롭게 할 수 있는 지혜가 없습니다. 그러하오니 기도하게 하시고, 그 힘으로 세상의 유혹을 이길 수 있게 하옵소서. 기도로 시험에 빠지지 않는 은혜의 삶을 살아가게 하옵소서.

≫ 뜻 나눔

선지자 노릇하라 - "예언하라"는 명령형으로 예수님을 거짓 선지자로 조롱함

70. 23:1-12

예수님의 침묵

:: 말씀 나눔

유대는 당시 로마의 속국이었다. 이 말은 곧 왕의 칭호를 얻기 위한 일에서부터 시작하여 백성의 사형을 집행하는 일에 이르기까지 모든 행정적인 절차는 로마의 허락을 받아야만 계획한 일들을 진행할 수 있었다. 유대인들의 일이지만 그 어떤 권리도 그들의 땅에서 자체적으로 행사를 할 수 없었다. 이에 산헤드린의 회원들은 눈엣가시인 예수님을 로마총독 빌라도에게 넘기는 과정을 그들 나름대로의 정당한 절차를 밟고자 한다. 예수님의 죄목은 세 가지다. 첫 번째 예수님이 유대 백성들을 미혹한 것, 두 번째는 로마의 황제 가이사에게 세금 바치는 것을 금함으로 로마에 마땅히 바쳐야할 충성을 다하지 못하도록 한 것, 세 번째로는 스스로 왕이라고 주장한 것이다.

무리들에게 이끌려온 예수님에게 빌라도는 "네가 유대인의 왕이냐"며 묻는다. 예수님은 빌라도의 질문에 "네 말이 옳도다"며 예수님의 그리스도 되심을 빌라도 앞에서 인정하여 말씀하신다. 빌라도는 예수님에게서 죄목을 찾지 못하였다. 그리하여 빌라도는 예수님을 고소한 무리들에게 회의적으로 답하였다. 빌라도가 무리들의 고소를 받아들이려 하지 않자 무리들은 더욱 강하게 반발한다. 그들은 한 목소리로 예수님이 온 유대에서 가르치고 갈릴리에서부터 시작하여 예루살렘에까지 와서 백성들을 소동하고 있다고 고발한다.

빌라도는 예수님이 갈릴리 사람이라는 소리를 듣고 갈릴리 지방을 통치하고 있는 헤롯에게 예수님을 넘긴다. 그 이유는 유대인들은 비록 로마의 속국이었으나 특별한 민족의식을 가지고 있었는데, 그들은 하나님을 알지 못하는 로마의 속국이 된 것을 못마땅하게 생각했기에 늘 반란을 일으킬 준비가 되어 있었기 때문이다. 헤롯은 오래전부터 예수님에 대한 소문을 들어왔기에 매우 보고 싶어 했다. 헤롯은 예수님께서 이적 행하시는 것을 보고자 하여 여러 말로 예수님께 물어보았으나 예수님은 아무런 대답도 하지 않으신다. 침묵으로 일관하시는 예수님을 보고 헤롯은 그의 호위병들과 함께 예수님을 업신여기며 조롱하였다. 그리고 빛난 옷을 입힘으로 최고의 모욕과 굴욕을 느끼도록 하면서 다시 빌라도에게 보낸다. 이 일로 인하여 정치적 갈등으로 서로 원수였던 빌라도와 헤롯은 친구가 된다.

:: 묵상 나눔

은 삼십에 팔린 예수님은 산헤드린 앞에서 심문을 받으시고, 이어 로마 총독 빌라도 앞에서도 동일하게 심문을 받으십니다. 예수님은 산헤드린과 빌라도 앞에서 질문을 받으시면서 자신이 그리스도 되심을 말씀하십니다. 빌라도 앞에 선 것과 동일하게 헤롯 안티파스 앞에서 또 심문을 받으셨습니다. 그러나 헤롯 앞에서는 예수님께서 그 어떤 말씀도 하지 않으시고 침묵하십니다. 감람산에서 땀이 땅에 떨어지는 핏방울 같이 되도록 기도하신 예수님께서 만난 사람은 유다가 데리고 온 무리입니다. 유다와 함께 온 무리들의 무례한 행동은 제자들의 기분을 상하게 했고 급기야는 무리 중 한 사람의 오른쪽 귀를 떨어뜨립니다. 그 때 예수님은 제자에게 "이것까지 참으라" 말씀하셨습니다. 행동에서의 침묵입니다. 예수님을 잡아가기 위하여 검과 몽치를 가지고 찾아온 무리들에게 예수님은 침묵하심으로 그들을 무색해 지도록 하십니다. 헤롯은 예수님을 무척 만나고 싶어 했습니다. 세상적인 기준으로 볼 때 예수님보다 우위에 있는 헤롯은 여러 이적을 요구합니다. 헤롯이 요구하는 그 이상의 능력을 나타내실 수 있으시지만 예수님은 침묵하십니다. 어둠의 권세 앞에서 침묵으로 예수님은 그의 그리스도 되심을 나타내십니다.

:: 기도 나눔

자비로우신 하나님 아버지,
권력 앞에서 보여주신 예수님의 침묵은 세상에 참 빛이 되었고, 모든 비난 앞에서 보여주신 예수님의 침묵은 세상에 참 생명이 되었습니다. 들려오는 조롱의 소리 가운데서 보여주신 예수님의 침묵은 하나님의 뜻을 이루셨고, 모든 상황을 참아내신 예수님의 침묵은 하나님의 영광이 되셨습니다. 하나님 세상의 소리에 침묵할 수 있도록 도와주시옵소서. 세상의 조롱에 침묵할 수 있도록 도와주시옵소서.

≫ 뜻 나눔

무리가 - 산헤드린 회원들, 공회 - 산헤드린

71. 23:13-25

일하시고 계시는 하나님

:: 말씀 나눔

헤롯 앞에서 침묵으로 일관하시던 예수님은 빌라도에게로 보내진다. 다시 예수님과 마주하여 심문하게 된 빌라도는 이전과 동일하게 예수님에게서 그 어떤 죄도 발견하지 못한다. 이에 대제사장들과 관리들과 백성들을 불러 모으고 예수님의 무죄를 선언한다. 헤롯도 죄를 찾지 못하여 우리에게 다시 보낸바 되었으니 때려서 놓겠노라 말한다. 무리들은 그들의 뜻대로 일이 진행되지 않자 이제는 예수님을 대신하여 바라바를 놓아주기를 요청한다. 바라바라는 인물에 대하여 마태복음에서는 "유명한 죄수"라는 표현을 사용하였고, 요한복음에서는 "강도"라는 표현을 사용하고 있다. 유대인들은 그들을 위하여 이 땅에 오신 예수님을 어떻게 해서든지 죽이고자 유명한 죄수 바라바를 놓아주자고 외치고 있다.

시간을 조금만 거슬러 올라가면 예수님의 예루살렘 입성 기사가 소개된다. 무리들은 어린 나귀를 타고 예루살렘으로 입성하시는 예수님의 길에 자기들의 겉옷을 펴며 맞이했던 사람들이다. 그 무리들은 지금까지 예수님께서 행하신 모든 능한 일들을 기억하여 기뻐하며 예루살렘에 입성하시는 예수님을 보고 큰 소리로 하나님을 찬양했다. 주의 이름으로 오시는 왕이여 하늘에는 평화요 가장 높은 곳에는 영광이로다 찬양했던 그 사람들이다. 예수님께서 성전에서 가르치실 때는 어떠했는가. 그들이 어찌나 예수님의 말씀에 귀를 기울였던지 종교지도자들이 예수님을 죽이고 싶었으나 백성들을 두려워하여 어떤 일도 할 수 없었다. 예수님께서 해를 입지 않도록 종교지도자들과의 사이에서 완충역할을 했던 무리들이었는데 이제는 그들이 종교지도자들의 마음과 하나가 된 것이다.

빌라도는 예수님께서 죄가 없다는 자신의 확신을 말하지만 무리들은 아랑곳하지 않고 예수님을 처형하고 바라바를 놓아줄 것을 요구한다. 예수님은 죄가 없다는 빌라도의 심문결과에 대한 세 번째 소리다. 그러나 빌라도가 예수님의 죄 없음을 외치는 소리 이상으로 무리들의 소리는 종교지도자들과 합세하여 어둠의 때를 이끌어가고 있다. 빌라도는 더 이상 그의 확신을 주장하지 않고 유대 지도자들과 백성들의 뜻대로 하도록 내버려둔다.

:: 묵상 나눔

예수님의 말씀에 귀를 기울였던 무리들, 그렇게 환호하고, 기뻐하고, 기대했던 무리들은 돌연 바라바를 살리고 예수님을 죽이도록 외칩니다. 무리들은 예수님께서 로마로부터 해방을 가져다 줄 것으로 기대했습니다. 유대인이라는 특별한 민족의식을 가지고 있었던 그들은 모든 희망을 예수님께 걸었고, 해방의 때가 지금 당장 이루어지기를 바랬습니다. 그런데 희망이었던 예수라고 하는 사람이 혁명은 고사하고 죄인이 되어 그것도 십자가에서 죽임을 당하게 되었습니다. 지금까지 놀라운 능력을 나타내 보였던 사람이 아무런 일도 하지 않고 있습니다. 그러니 그들의 기대만큼이나 절망은 컸고 그 분노는 예수님의 즉음을 불러옵니다. 여기서 예수님의 침묵을 생각해봅니다. 제자들의 분노 앞에서 이것까지 참으라 말씀하셨던 예수님입니다. 헤롯의 요구에 답하지 않을 때에는 분명 조롱과 멸시가 뒤따를 것을 아셨습니다. 그러나 예수님은 그 모든 것을 참으셨습니다. 예수님의 침묵, 십자가에서의 죽음, 이제 희망이 사라져버린 듯합니다. 그러나 그때 하나님은 일하고 계셨습니다. 유대인들을 위하여, 온 세계를 위하여 일하고 계셨지만 무리들은 하나님의 방법을 알지 못했습니다. 그들은 무력으로 지금 당장 하나님의 나라가 이루어지기를 바라고 있었기 때문입니다. 현실의 문제 앞에 그만 하나님께서 일하고 계시는 것을 잊어버렸습니다. 하나님은 일하지 않으신 것 같으나 예수님을 죽음의 권세에 내어주심으로 일하고 계신 것입니다.

:: 기도 나눔

은혜로우신 하나님 아버지, 우리들의 마음은 보여 지는 현상에 따라 쉽게 변합니다. 하나님의 뜻, 하나님의 영광을 아는 빛을 저희들에게 비추어 주시옵소서. 상황을 분별하는 지혜의 영을 부어주시옵소서. 견고한 믿음으로 흔들리지 않고, 지금 만나고 있는 아픔 너머에 있는 하나님의 뜻과 영광을 분별할 수 있도록 도와주시옵소서.

≫ 뜻 나눔

때린다 - 교육한다. 가르친다. 없이하라 - 이 사람을 죽이라

72. 23:26-43

최고의 열매 십자가의 사역

:: 말씀 나눔

예수님의 수난, 영광으로 향하는 과정들이 이제는 절정에 달하는 시간이다. 예수님께 기대했던 해방이 이루어지지 않자 분노로 바뀌어 버린 무리들과는 다르게 묵묵히 예수님이 걸어가시는 길에 함께 하는 무리들이 있다. 그들은 예수님께서 받고 있는 조롱과 고통을 보면서 가슴을 치며 슬피 운다. 예수님은 그들의 눈물을 보시며 “예루살렘의 딸들아 나를 위하여 울지 말고 너희와 너희 자녀를 위하여 울라” 말씀하신다. 그리고 자녀를 위하여 울어야 하는 이유에 대하여 “푸른 나무에도 이같이 하거든 마른 나무에는 어떻게 되리요”라는 말씀으로 비유하신다. 푸른 나무는 예수님을 의미하고 마른 나무는 죄인들을 의미한다. 즉, 죄 없는 예수님의 고통을 그냥 두시는 하나님께서 회개하지 않는 사람들은 당연히 더 큰 진노를 내리실 것이니 깨어 있으라는 예수님의 소리다.

예수님의 좌우편에 두 행악자도 함께 사형을 받게 되어 해골, 즉 골고다에 함께 이르러 십자가에 못 박히게 된다. 예수님은 십자가의 고통 가운데서도 생명의 빛을 알아보지 못한 자들을 생각하신다. 다만 저들이 알지 못하고 하는 행동이니 그 죄를 용서해 주시기를 위하여 기도하신다. 고통 가운데서도 죄인들을 위하여 기도하시는 예수님이다. 그러나 십자가 아래의 풍경은 예수님이 입으셨던 옷은 나눠 제비 뽑히고, 관리들은 “하나님이 택하신 자 그리스도

이면 자신도 구원할지어다"며 비웃어 조롱을 하고 있다. 군인들은 희롱하면서 나아와 신 포도주를 예수님께 주고 있다. 유대인의 진정한 왕, 예수님께서 구원의 길을 활짝 열어두시기 위하여 지나가야만 하는 슬픔이요, 영광의 여정이다.

예수님과 함께 십자가에 달린 두 행악자가 있다. 두 명의 행악자 중 한 명은 예수님을 향하여 네가 그리스도가 아니냐 너와 우리를 구원하라 요구한다. 그럴 때 다른 한명은 우리는 우리가 행한 일에 상당한 보응을 받는 것이니 당연하지만 이 사람은 옳지 않은 것이 없다는 말로 예수님의 죄 없음을 알린다. 하나님을 두려워 할 줄 알았던 이 사람은 "예수여 당신의 나라에 임하실 때 나를 기억하소서"하며 예수님의 왕 되심을 고백한다. 비록 행악자의 삶이었으나 예수님의 왕 되심을 고백한 이 사람에게 예수님은 "오늘 네가 나와 함께 낙원에 있으리라"는 말로 구원을 허락하신다. 마지막까지 이 땅에 오신 목적을 이루신다.

:: 묵상 나눔

예수님은 끊임없이 가르치셨고, 하나님의 나라를 전하셨으며, 병든 자들을 치유하셨습니다. 가르치고 전도하고 치유하셨던 예수님의 사역은 하나님의 나라가 이 땅에 풍성하도록 했습니다. 그런데 생각해보면 이런 모든 사역이 빛을 발할 수 있었던 것은 예수님의 십자가 사건이 있었기 때문입니다. 무리들을 가르치시는 예수님은 매우 화려했습니다. 하나님의 나라를 전하실 때 무리들의 반응은 항상 뜨거웠습니다. 병든 자들을 고치실 때 예수님은 하나님의 영광이었습니다. 그러나 이러한 모든 모습들이 더욱 아름다울 수 있는 것은 십자가에서 죽으신 예수님의 사랑이 있었기 때문입니다. 세상으로부터 버림을 당하고, 무리들로부터 조롱을 받고 있는 침묵의 시간이지만 십자가와 관련된 이 모든 시간은 너무나 귀한 예수님의 최고의 사랑입니다. 부활의 주로 다시 살아나시기까지 아무도 예수님 죽음의 의미를 알지 못하였습니다. 누구도 이해하지 못하는 방법으로 하나님은 일하셨습니다. 예수님께서 다시 살아나심으로 하나님의 방법이었던 수난은 신비가 되었습니다. 우리들이 걸어가는 길도 화려할 때가 있고 때로는 곤고할 때가 있습니다. 화려한 시간도 하나님의 영광을 위한 시간이요, 곤고한 그 때도 역시 하나님의 영광을 위한 신비로운 시간입니다.

:: 기도 나눔

하나님 아버지,

예수님께서 걸으신 그 길을 걸을 수 있기를 간절히 소망합니다. 십자가의 수난이 신비가 되도록 세상의 소리를 참으셨던 예수님처럼, 들려지는 세상의 소리를 참아낼 수 있도록 도와주시옵소서. 화려함을 좇아가지 않고 묵묵히 순종의 길을 걸으셨던 예수님처럼 생명의 그 길을 걸어 갈 수 있도록 도와주시옵소서.

≫ 뜻 나눔

해골 - 골고다(아람어) 또는 갈보리(라틴어)

73. 23:44-56

거룩한 희망을 위한 예수님의 운명

:: 말씀 나눔

제 육시쯤(낮 열두 시) 되어 해가 빛을 잃고 온 땅에 어둠이 임하여 제 구시(오후 세 시)까지 지속된다. 해는 그 빛을 잃음으로 주인의 죽음을 알린다. 그리고 잠시 동안, 아주 잠시 동안 온 세상에 어둠이 머무른다. 성소의 휘장 한가운데가 찢어진다. 막힌 담이 헐려야 서로 관계가 형성될 수 있는 것처럼 성소의 찢겨진 자리에 예수님의 보혈이 자리한다. 예수님의 보혈은 하나님과 우리들의 막혀 있던 담을 헐어 주셨고, 우리의 하나님 아버지로 인격적인 만남이 이루어지도록 해 주셨다. 이 모든 과정을 이루신 예수님은 "아버지여 내 영혼을 아버지 손에 부탁하나이다" 말씀하신다. 이제 예수님의 손과 혀가 굳어지고 피가 식는다.

예수님의 죽음... 그 현장에서의 일들은 하나님께 영광이 되고, 보는 이들의 마음에 울림이 된다. 먼저 백부장은 "이 사람은 정녕 의인이었다"고 보고한다. 예수님께서 그들의 기대에 부응하지 않자 바라바를 내어주고 예수님을 처형해야 한다고 소리 높여 외쳤던 무리들은 어떠한가. 그들은 예수님 죽음의 신비 앞에서 스스로 비참하여 가슴을 치며 저마다 삶의 자리로 돌아간다. 예수님을 아는 자들과 갈릴리로부터 따라온 여자들은 멀리 서서 예수님의 죽음과 모든 과정을 지켜보고 있다. 슬픔과 절망으로 가득하여 그야말로 망연자실이다.

해가 빛을 잃고 어둠이 계속 되고 있는 가운데 유대인의 동네 아리마대에

사는 요셉은 빌라도를 찾아가 예수님의 시체를 달라고 한다. 아리마대는 공회 의원이지만 예수님의 사형에 찬성을 하지 않았던 사람이다. 성경은 그를 선하고 의로운 사람이요, 하나님의 나라를 기다리던 자였다고 수식한다. 아리마대는 예수님의 시체를 내려 세마포로 싸고 아직 아무도 장사한 적 없는 무덤에 예수님의 시체를 넣어 둔다. 이 모든 되어 진 일들은 준비일로 안식일이 거의 다 된 금요일이다. 갈릴리에서부터 예수님과 함께 했던 여자들은 아리마대 뒤를 따라가 예수님의 시체가 놓여 있는 곳을 보고 시체에 바를 향품과 향유를 준비하기 위하여 돌아간다. 계명을 따라 안식일은 쉰다.

:: 묵상 나눔

하나님은 사랑하는 아들이요, 온 인류의 구원자이신 예수님의 시체를 누구에게 맡기시나요. 하나님의 나라를 기다렸던 선하고 의로운 아리마대 사람 요셉입니다. 요셉은 산헤드린 회원으로서 예수님을 사형해야 한다는 다수의 의견에 따르지 않고 당당하게 맞섰던 사람입니다. 전체적인 분위기의 흐름을 거스르는 것은 쉬운 일이 아닙니다. 특히 어둠의 세력이 압도하고 있는 상황에서는 더욱 그러합니다. 그러나 요셉은 힘겨운 시간을 이겨냈고, 그 결과로 육신으로는 마지막인 예수님의 시체를 장사할 수 있는 영광을 얻게 됩니다. 하나님의 나라를 사모하며 오늘을 살아가는 우리들에게도 이겨내야 하는 힘겨운 상황들을 만나게 됩니다. 어느 누구도 주어진 모든 시간이 시온의 대로와 같은 상황으로 펼쳐지지 않습니다. 어려운 문제를 만나 힘겹게 이겨내고 안도의 숨을 쉬고 있는데, 태산과 같은 문제가 또 기다렸다는 듯이 우리를 향하여 달려오고 있습니다. 사방으로 우겨쌈을 당하고 있어 어디에서도 출구를 찾을 수 없는 상황입니다. 그럴 때 우리는 당연히 낙심하고 절망적인 마음이 들게 됩니다. 그때 잠시 숨을 고르고 예수님 죽음의 신비를 생각하면 어떨까요. 죽임을 당하는 것이 하나님의 뜻이었습니다. 세상으로부터 버림을 당하시고 있음에도 하나님은 외면하십니다. 그러나 그 모든 고통을 이겨내셨을 때 하나님은 부활의 주님을 지극히 높여 모든 이름위에 뛰어난 이름을 주셨습니다. 그러니 오늘의 고통을 주님과 함께 이겨내기를 바라며 기도하여 승리하는 오늘이면 좋겠습니다.

:: 기도 나눔

하나님 아버지,

나의 죄를 용서하시기 위하여 예수님의 힘겨워하시는 시간을 잠시 외면해 주셔서 감사합니다. 사랑의 예수님 사람들의 조롱과 비난을 감내해주셔서 감사합니다. 성령님 제 마음에 임하시어 깨닫게 하시고, 회개하게 하시니 감사합니다. 하나님의 은혜와 예수님의 사랑과 성령님의 인도하심을 늘 감사하며 찬양하도록 도와주옵소서.

≫ 뜻 나눔

아직 사람을 장사한 일이 없는 무덤 - 예수님에 대한 공경의 표

74. 24:1-12

내일을 위한 오늘

:: 말씀 나눔

아리마대 사람 요셉에 의하여 예수님의 시체는 세마포에 쌓여 무덤에 안치된다. 그때 함께 온 여자들은 예수님의 시체를 어떻게 두었는지 확인을 하고 돌아 갔다. 계명을 따라 안식일을 지키고 안식 후 첫날 새벽에 이 여자들은 준비한 향품을 가지고 무덤에 갔다. 그런데 분명히 닫혀 있어야 할 무덤의 문이 굴려 옮겨져 있다. 놀란 여인들이 무덤 안으로 들어가 보니 주 예수님의 시체가 보이지 않는다. 예수님의 시체를 누군가 가져갔을 것이라 생각한 여인들은 다시 어둠에 쌓여 근심한다. 그때 여인들의 눈에 어떤 모습이 들어온다. 사람으로서는 만들 수 없는 찬란한 옷을 입은 두 사람이 여인들 앞에 선다.

여자들은 빛으로 가득한 그들의 모습에 놀라서 두려워 땅을 향하여 얼굴을 숙인다. 여인들의 앞에 서 있었던 두 사람은 "어찌하여 살아 있는 자를 죽은 자 가운데서 찾느냐 여기 계시지 않고 살아나셨느니라 갈릴리에 계실 때에 너희에게 어떻게 말씀하셨는지를 기억하라" 한다. 예수님은 벳새다에서 찾아 온 무리들에게 하나님의 나라를 전하시며 병 고칠 자들은 고쳐주신다. 예수님의 말씀에 빠져있는 무리는 해가 지도록 예수님을 떠나지 않았고, 그런 그들에게 떡 다섯 개와 물고기 두 마리로 모인 모든 무리들이 배고프지 않도록 하셨다. 그 이적을 보이시고 따로 기도하시던 예수님은 함께 있던 제자들에게 "무리가 나를 누구라 하느냐" 물으신다. 예수님의 물음에 베드로는 "하나님의 그리스도시니이다" 답한다. 예수님은 원하시는 답을 들으셨음에도 아무에게도 말하지 말라 말씀하시며 "인자가 많은 고난을 받고 장로들과 대제사장들과 서기관들에게 버린 바 되어 죽임을 당하고 제삼일에 살아나야 하리라" 말씀하셨다.

두 사람의 말에 여인들은 예수님의 말씀을 기억하고 무덤에서 돌아와 열한 사도와 다른 모든 이들에게 놀라운 소식을 알린다. 그러나 사도들은 여인들의 말을 어처구니없는 말로 생각하고 믿으려 하지 않았다. 베드로는 일어나 무덤으로 달려가 안으로 들어가 보니 세마포만 놓여 있을 뿐 예수님은 어디에도 계시지 않는다. 베드로도 아무런 답을 찾지 못한 채 그저 놀랍게 생각하고 집으로 돌아간다.

:: 묵상 나눔

예수님의 죽음은 제자들에게 너무나 가슴 아프고 견디기 힘든 현실입니다. 그런데 예수님의 시체까지 그들이 볼 수 있는 영역에서 사라져 버렸습니다. 그러나 예수님을 따르던 사람들 중에 누구도 답을 찾지 못하고 있습니다. 찬란한 옷을 입은 두 사람으로부터 예수님께서 다시 살아나셨다는 소식을 들었지만 여전히 현실이라는 벽에 부딪혀 마음에 와 닿지 않습니다. 예수님도 다시 부활하실 것을 말씀하셨지만 그 또한 믿어지지 않는 현실입니다. 예수님은 이미 나인성 과부의 죽은 아들을 살리셨고, 죽은 지 나흘이 된 나사로를 살리셨으며, 그 이전에는 야이로의 딸도 살리셨습니다. 그런데 제자들은 예수님의 부활을 받아들이지 못하고 있습니다. 제자들은 무엇 때문에 예수님의 부활을 받아들이지 못한다고 생각하시나요. 우리는 아픔을 만나면 모든 생각이 나를 아프게 하고 있는 상황 속에 묶여 버립니다. 내일을 위한 오늘이 되어야 하고, 죽음이 없는 영원한 하나님의 나라를 위한 오늘이 되어야하는데 온통 오늘의 아픔에만 머물러 있습니다. 내일의 시간은 분명 오늘의 고통과 연속선상에 있습니다. 영원한 하나님의 나라도 오늘이라는 시간과 연속선상에 있습니다. 내일을 위한 오늘이기에 오늘의 아픔은 내일을 위한 것입니다. 영원한 하나님의 나라를 위한 오늘이기에 오늘의 아픔은 그때를 위한 아픔일 뿐입니다. 아픔이 가지고 있는 가치입니다.

:: 기도 나눔

하나님 아버지,
예수님을 인하여 내일을 꿈꾸게 하시고, 하나님의 나라를 기대하게 하시니 감사합니다. 그러니 오늘이 힘에 겨워도 내일을 주관하시는 하나님을 바라보며 힘을 얻게 하옵소서. 오늘의 아픔은 하나님의 역사 안에서 내일을 위한 과정인 것을 기억하게 하소서. 고난 속에서 나만 붙들겠느냐 물으시는 물음에 "네"라고 답할 수 있게 하옵소서.

≫ 뜻 나눔

안식 후 첫 날 - 햇빛이 처음 비치는 시간

75. 24:12-35

견디고 이겨내는 성숙한 믿음

:: 말씀 나눔

안식 후 첫날 부활의 영광이 있는 아침이지만 여전히 잠잠한 주님의 움직임이다. 예수님의 시체가 사라졌다는 것을 알지만 부활의 주님을 만나지 못하고 예루살렘에서 엠마오로 가는 두 사람이 있다. 두 사람이 빈 무덤에 관하여 서로 이야기하고 토론하면서 길을 가고 있을 때 예수님께서 함께 동행 하신다. 예수님은 부활의 주가 되시어 엠마오로 향하여 가는 두 사람에게 보이신다. 예수님은 그들에게 그들의 언어로 찾아가시지만 부활의 주님으로는 알리지 않으신다. 부활의 주님을 분별할 수 없도록 그들의 눈을 가리셨다.

예수님은 물으신다. "너희가 길 가면서 서로 주고받고 하는 이야기가 무엇이냐" 예수님의 물음에 두 사람은 슬픈 빛을 띠고 걸음을 멈춘다. 그리고 글로바라 하는 사람이 "당신은 예루살렘에 체류하면서 거기서 일어난 일을 혼자만 알지 못하느냐" 답한다. 그 사건의 주인이신 예수님이 다시 "무슨 일이냐" 물으니, 예수님의 공생애 동안의 행보, 십자가에서 돌아가신 이유, 예수님의 시체가 보이지 않아 놀라는 여인들에게 천사들이 나타나 다시 살아나셨다고 말하였다는 일련의 사건을 설명한다. 예수님은 하나님께서 이미 선지자들을 통하여 구원자가 받게 될 고난을 말씀하셨음에도 여전히 다윗의 영광을 기대하고 있는 그들을 나무라시며, 모세와 선지자의 글 등 예수님에 대하여 성경에 기록된 것을 자세히 설명하신다.

엠마오에 가까웠고 날은 이미 저물었으므로 예수님을 강권하여 묵을 곳으로 함께 들어간다. 예수님은 그들과 함께 음식을 잡수시려고 앉으셔서 빵을 들어 축복하시고 떼어서 그들에게 주셨다. 예수님의 떡을 받은 그들은 그때에야 비로소 눈이 열려 부활의 주님을 알아보았다. 그러나 그들이 깨우치는 동시에 예수님은 자리를 떠나셨다. 그들은 동행하였던 분이 부활의 주님이었다는 것을 알고 성경을 풀어주실 때 그들의 마음이 뜨거웠다는 이야기를 나눈다. 그리고 급하게 예루살렘으로 돌아간다. 그곳에는 열한 제자와 다른 제자들이 모여 있었고, 베드로에게 보이셨다는 소식을 들으며, 그들도 부활의 주님과 함께했던 것을 알린다.

:: 묵상 나눔

비어있는 무덤은 열한 제자들을 비롯하여 따르던 제자들의 마음을 슬픔에 잠기게 했습니다. 엠마오로 돌아가고 있는 두 명의 제자들도 그저 참담한 마음입니다. 예수님은 절망에 빠져있는 그들과 함께 길을 가시면서 무엇이 그들을 그렇게 힘들게 하고 있는지 물으십니다. 비록 그들의 답이 예수님을 흡족하게 하지는 못했지만 여전히 예수님은 그들이 스스로 깨달을 수 있도록 함께하시며 여지를 둡니다. 하나님의 방법이요, 하나님의 뜻을 따르시는 예수님의 방법입니다. 하나님은 그리스도인들의 삶을 이해가 가능하고 논리적으로 설명이 가능하도록 열어두시지 않으셨습니다. 생각해보면 예수님은 백성들을 위한 구원의 무게만큼이나 크고 슬픈 아픔을 이겨내셔야 했습니다. 하나님의 선택을 받은 제자들의 삶은 어떠합니까. 모두가 쉽고 편한 길로만 인도되어지지 않았습니다. 아브라함은 익숙한 모든 것을 버려야 했고, 요셉은 형들에게 팔려 노예가 되어야 했습니다. 성령이 충만하였던 스데반은 돌에 맞아 죽임을 당해야 했습니다. 오직 복음에 빚진 자로 살아가는 바울은 복음을 전하기 위하여 매를 수없이 맞아야 했고, 먹지 못하는 수고도 해야 했으며, 죽을 고비도 여러 번 만나야 했습니다. 모두에게 녹록치 않은 시간들입니다. 하나님의 백성으로 살아가는 우리는 여러 다양한 문제 속에서 기다려야하고 때로는 인내해야 합니다. 하나님은 그러한 모든 시간 속에서 여전히 너의 삶을 "나에게 맡기겠느냐" 물으십니다.

:: 기도 나눔

자비로우신 하나님 아버지,

예수님께서 엠마오를 향하여가는 두 사람에게 "미련하고 선지자들의 말을 더디 믿는 자들이여" 하시던 꾸지람을 생각해 봅니다. 성경 곳곳에서 이미 인자의 고난을 말씀하셨음에도 제자들은 이해하지 못하였습니다. 그런데 비단 그들만의 모습은 아닌 듯합니다. 저희들도 늘 허우적대는 모습입니다. 하나님, 간절히 기도하오니 결코 흔들리지 않는 견고한 믿음의 백성 되도록 도와주시옵소서.

≫ 뜻 나눔

저희의 눈이 밝아져 - 하나님께서 믿음의 눈을 열어 주셨음을 뜻한다.

76. 24:36-53

부활의 빛 온 세상에

:: 말씀 나눔

부활의 주님을 만난 이들의 증언으로 예수님의 열한 제자와 그들과 함께한 자들이 한곳에 모여 있다. 서로의 증언을 나누고 있을 때 부활의 주님이 평강의 왕으로 찾아오신다. 주님의 부활 소식을 이미 들은 그들이다. 그러나 그 모습을 보니 무서워하여 영으로 생각한다. 제자들의 마음을 아시는 주님은 두려워하지 말라, 나의 손과 발을 보고 나인 줄 알라 말씀하시며, 주님의 손과 발을 보여주신다. 부활하신 주님의 못자국난 손과 발을 본 제자들은 주님의 죽음과 빈 무덤 때문에 가져야했던 두려움 그 이상으로 기쁨이 가득하다. 사랑하는 제자들과 함께하는 아름다운 풍경 속에서 예수님은 먹을 것을 찾으셨고, 구운 생선 한 토막을 드신다. 더할 나위 없이 다만 행복으로 가득한 시간이다.

제자들을 떠나 하나님의 우편에 앉으실 부활의 주님, 세상에 남겨져 교회를 든든하게 세워가야 할 제자들에게 마지막 가르침을 주신다. 인류를 위하여 걸어가야만 하는 예수님의 길, 그 모든 과정은 모세의 율법과 선지자의 글과 시편에서 이미 기록되었다. 예수님은 가장 중요한 진리를 다시금 제자들에게 말씀하시며 제자들의 마음을 열어 깨닫게 하신다. 이미 기록되었고 이제 성취된 약속은 모든 과정을 함께 했던 제자들을 통하여 증거가 되어야 하며, 주님 다시 오시는 그 때까지 오고 오는 모든 세대의 영광이 되어야 하기 때문이다. 이 모든 말씀을 마치시고 위로부터의 능력을 입을 때까지 예루살렘 성에 머물라

하신다. 예수님의 죽음은 소멸되고 마는 마지막이 결코 아니었다. 부활의 빛이 되어 온 세상을 가득히 채울 것이며, 모든 민족들에게 능력으로 증언되어 질 것이다

부활의 주님은 제자들을 데리고 베다니 앞까지 가신다. 그곳에서 손을 들어 제자들을 축복하시는데 축복하실 때 하늘로 올라가신다. 엠마오 도상에서 만난 두 제자에게 떡을 떼어 주실 때 그들의 눈이 열릴 때에 이미 주님은 그 자리에 계시지 않았던 것과 같다. 모든 의심이 사라진 제자들은 마음껏 예수님을 경배한다. 그리고 큰 기쁨을 안고 예루살렘으로 돌아간다. 더 이상 그들은 흩어지지 않고 함께 성전에 모여 하나님을 찬송한다.

:: 묵상 나눔

부활의 빛은 이제 영원히 잠들지 않는 생명이 되었습니다. 부활의 빛은 세상이 줄 수 없는 평안이 되어 오늘 하루 승리하는 힘이 되었습니다. 부활의 빛은 어둠이요 절망으로 가득한 우리의 삶에 희망의 꽃을 피웠습니다. 부활의 빛은 완벽한 실천, 완벽한 모습이 되지 못하여 여전히 허우적대는 우리들에게 하나님을 아버지라 부를 수 있도록 했습니다. 부활의 빛은 내가 누구인가를 고민하게 함으로 삶의 목적이 바뀌도록 했습니다. 부활의 빛은 오늘 하루를 주님께 온전히 맡기는 은혜의 삶이 되도록 했습니다. 부활의 빛은 세상의 끝인 죽음을 넘어 영원히 소멸하지 않을 거룩한 땅을 마음에 품게 했습니다. 놀라운 하나님의 은혜입니다. 하나님의 은혜 안에서 성령님의 인도하심을 누리며 우리는 살아가겠지만 그럼에도 아주 작은 일에 넘어질 것입니다. 사소한 문제들을 넘지 못하여 구부러진 말을 할 것입니다. 마음에 시기와 질투가 가득하여 위로부터 오는 평안을 누리지 못

할 때도 있을 것입니다. 육체의 소욕을 따라 성령을 거스르는 모습이 되어 아름다운 열매를 맺지 못할 때도 있을 것입니다. 그러나 그런 모습일지라도 다시 일어설 수 있는 것은 유월절 어린양의 보혈의 은혜가 있기 때문입니다. 이런 놀라운 일을 이루신 주님께서 우리들에게 말씀하십니다. **복음이 예루살렘에서 시작하여 모든 족속에게 전파될 것이니 너희는 이 모든 일에 증인이라***

:: 기도 나눔

하나님 아버지,
저희들의 마음을 열어 예수님의 주되심을 입술로 고백하게 하시니 감사합니다. 위로부터 주시는 성령님을 힘입어 주님의 자녀로 살아가게 하시니 감사합니다. 하나님, 오늘 하루도 부활의 빛이 가득한 날 되기를 소망합니다. 성령님의 강권적인 이끄심으로 하나님의 뜻을 이루는 하루되기를 소망합니다. 오늘의 주인 되시는 하나님께서 도와주시어 주님 이루신 모든 일에 증인이 되는 하루가 되도록 도와주시옵소서.

*** 너희는 이 모든 일에 증인이라**